**蕭大立**
阿宅地產顧問

著

# 給首購族的
# 聰明買房術

# Smart ways
# HOUSE

# Chapter 3

## 買房不買貴
### ──首購族精打細算的出價策略

# Chapter 4

## 避雷選房祕訣
### ──讓你住得安心的魔鬼細節

# Chapter 5

# 首購族買房增值術
—— 掌握5大核心，選中價值翻倍的房子

# Chapter 6

# 台灣六都房地產之購屋指南

## 各種疑難雜症快速查找

# 前言

　　我在 20 年的房地產和金融工作生涯中，從事過不動產估價、壽險不動產投資、不良資產法拍屋以及銀行內勤等形形色色的職業。期間有許多親朋好友或客戶，曾向我詢問過買房的相關問題，儘管內容五花八門，但事實上這些想買房的人最關心的，可以歸納為 3 大主題：

- 價格有沒有買貴。

- 怎樣買房才安全。

- 買哪裡才會增值。

　　這些至關重要的知識，在現實生活中並不容易取得。報章媒體上的房地產相關內容，通常聚焦在房價走向或是政府地產政策等大哉問，少有對於買房的重點細節有所著墨。而市面上的房地產書籍中，經常只討論到單一主題，比方說如何評估合理房價，或者從結構安全、買房增值等角度來切入，而這本書則是能完整回答買房自住者最想知道的 3 大問題。

　　另一方面，更關鍵的是，房地產的許多 know-how，是以師徒相傳等方式在產業內部傳承的。如果沒實際從事過相關職業，就很難有機會了解這些珍貴的知識，在網路上也不容易輕鬆查到。

這導致不少想買房的消費者，即使已經耗費許多時間做了功課，依然只能透過現有的途徑，取得片面零散卻又未必正確的房地產資訊。

因此，我寫這本書的目的非常明確，就是一次解答前述自住購屋者最關心的 3 大重點。我將在書中分享過去站在實務第一線的經驗，包含銀行房貸估價、買房產權調查及房地產投資評估等難以取得的產業內部知識，讓看完書的讀者能夠實現「不買貴、安心住、賺增值」的 3 大買房目標。

房地產對我來說，有著特別的意義。它不只是我這輩子唯一認真努力做過的事，也給了我重啟人生的底氣。多年前買房的增值獲利，讓我有勇氣在中年放棄銀行資深經理的身分以及優渥的待遇，裸辭以後開始了自媒體創業之路，更找回了人生的自由。

雖然我只是個來自屏東、退伍軍人家庭出身的南部小孩，但如果不是買對了房，這一切都不會發生。取之於房地產，用之於房地產。我誠心誠意感謝這一切，經營自媒體之後，就一直希望把多年來的經驗，以線上課程或是出書的方式和大家分享。

其實，這本書的架構及知識體系原本是我打算規劃線上課程用的，但正好收到了出版社的邀約，於是，和線上課程同等扎實的實戰知識，就這麼化為近 10 萬字的書籍。此書就像是紙本化的房地產課程，每章節都有獨立的主題，可以解決消費者可能遇到的特定房地產問題。與其說這是一本書，更像是買房與賣房的操作手冊，全是不摻水的地產實務精華。大家只要循序漸進地建立觀念、按照其中的步驟來執行，就能一步步買到理想中的房子。

不同程度或需求的讀者也可以自由選擇閱讀的方式。對房地產

毫無概念的新手，可從第一章及第二章的基礎概念開始，先快速建立房地產基本認知後，再進入其他章節。已經做過功課的初學者或是從業人員，則可以挑選自己有興趣的章節主題任意切入。這是一本從零基礎的房產小白，到有經驗的買房者，甚至房仲從業人員都適用的房地產書籍。

整體而言，本書具有以下3大特點：

●由淺入深，以理論和數據印證實務：內容由淺入深，第1章至第2章是購屋心法的基礎知識；第3章至第5章是實現「不買貴、安心住、賺增值」的操作方法；第6章則是六都買房的實際應用。除了涵蓋房地產理論及實務運作，更輔以各項統計數據來印證。

●結合時事，回答常見的關鍵問題：深入探討近年來社群上熱門的房地產議題，包含碳費與房價的關係、少子化能不能買房，以及政府打房的影響等。

●圖像化設計，清楚好吸收：本書致力於將房地產的硬核知識，轉化為淺顯好讀的懶人包及圖文解說，讓一般人也能輕鬆理解。

房地產的範疇博大精深，牽涉到地政、金融、建築、法律等許多不同的專業領域。一般人對於房地產的認知，就像瞎子摸象一樣，難以了解全貌。而這20年都在房地產各產業鏈遊走的我，在多年不動產及金融各個領域不斷摸索之後，終於拼湊出心目中的房地產架構，並將完整的知識體系轉化為本書，希望能幫助大家向買房的夢想邁出一大步。

Chapter 1

# 買對自住房

讓首購族實現人生自由的
關鍵心法

# 關鍵心法 1
# 房地產的資金槓桿效應

　　想買房的你，一定使用過各種看房平臺吧？只要簡單輸入關鍵字，幾秒內就出現一堆物件，完全無須支付任何費用。為什麼有這種好事？難道網站經營者不用賺錢嗎？不不，網站其實並非免費，而是靠刊登租售物件的房仲或屋主所支付的廣告費來運作。因此，平臺經濟的底層邏輯是交叉補貼。運作關鍵是對部分使用者進行價格補貼、對另一群使用者收取費用。

　　了解到各種事物的運作都有其基本原理，就讓我們回歸到本書的主題：房地產市場。那麼，房地產市場運作的邏輯為何？其運作的底層邏輯就在於「資金槓桿」，簡單來說，就是一切的買賣運作都必須仰賴銀行貸款的資金。建商靠貸款買地蓋房，必須要借錢，才有辦法賣房；同時，買方也很難全額付現，需要向銀行借錢，才有辦法買房。因此，無論買方或賣方，房地產市場若借不到錢，就無法玩這場買賣遊戲了。

## 以槓桿原理購買最大化的資產

　　對買方而言，房地產最大的魅力在於 5 倍槓桿。也就是說，買

房無須全額繳付，只要準備大約 20% 的自備款，就可以買到房子。如果房價上漲，透過貸款槓桿的運用，甚至可以將獲利放大 5 倍。但一般人常常會忽略的是，當房價下跌時，在槓桿效果下，虧損一樣也會放大 5 倍。

舉個實例吧。一般人只要準備 200 萬，向銀行貸款 8 成（800 萬），就可以買到 1000 萬的房子。房價 1000 萬除以自備款 200 萬，就是 5 倍的資金槓桿。

當房價上漲了 20%，屋主若成功以市價 1200 萬順利將房子賣出，扣除 800 萬房貸及本金 200 萬後，屋主等於用 200 萬自備款賺到了 200 萬。在 5 倍槓桿的效果下，獲利放大了 5 倍（20%×5=100%）。

當房價不漲不跌，同樣以 1000 萬賣掉，先還 800 萬的房貸之後，自備款 200 萬依然是可以完全回收的。不賺不賠沒問題。

然而，當房價下跌 20%，導致屋主只能用 800 萬賣出，他還是要還之前的 800 萬房貸，最後屋主是拿不回任何錢的，等於自備款 200 萬完全賠光了。所以在 5 倍槓桿的效果下，虧損也放大了 5 倍（-20%×5=-100%）。

**房地產最大的魅力在於 5 倍槓桿**

由此可知，槓桿是一把雙面刃，善用財務槓桿可以增加獲利、快速致富。但一不小心，也是會誤傷自己的。畢竟回顧過往的房地產歷史，短期房價上下波動，整體房價下跌 20%~30%，並非不可能發生的事。

當然，房價以長期來看仍會呈現上漲的趨勢，如果能撐過不景氣的下跌時段，等到房市重回牛市，房價回到上漲軌道，虧損有可能只是暫時的。但最令人害怕的是，假如資產配置過度集中於變現能力差的房地產，讓自己在財務上變得過於「脆弱」，就可能無法應對各種突然發生的變故。

當所有的錢都投到房地產裡，如果遇到房市反轉下跌，或失業、生病等情況，沒辦法拿房子再增貸，房子賣不掉卻又需要周轉資金……那種無量下跌、不知道人生谷底在哪、急需用錢的壓力，最終會導致屋主喘不過氣，可能也就無法順利撐過那段下跌的時期。

我要提醒的是，買房是值得投資的事，但別超出自己的能力範圍。人生不可能永遠都順風順水，當無法預期的黑天鵝事件＊發生，我們仍應該要具備足夠的適應能力，畢竟關鍵在於能不能存活下去。在經濟市場中，要短期賺到錢並不困難，持盈保泰、笑到最後的才是贏家。

看到這裡，一定有些人想，太誇張了吧，臺灣有錢人很多，買房根本不需要貸款。雖然對這些人來說，槓桿並沒有那麼大的重要性。但此類高資產人士可以現金全額買房的言論，其實不符合現實。資金是有機會成本的，除非有其他財務目的，高資產人士通常不會一次全額付，用幾千萬、幾億買房，把資金完全綁死在

某個房地產上，反而會失去將資金做其他有效運用的機會。

不要聽某些人說什麼，要看這些人做什麼。

如果買房的資金槓桿對高資產人士完全沒有影響，就不會有一堆人在哀號，認為政府的豪宅貸款限制應該取消，而總額高的房子也不會滯銷了。當然，還是會有人用現金買房，但這些人通常也只是暫時先用現金去買，買到房之後也一樣會再用原屋融資的方式把資金借出來。依銀行相關規定，這種掛周轉金的名義來貸款的操作方式，受到的限制反而更少。

說穿了，降低槓桿效應只以自有資金來買房地產，通常是自住需求。想當投資客炒房？這可是一點搞頭都沒有。

## 🏠 為何建商不急著賣房？

對賣方而言，槓桿不只扮演獲利或虧損的放大器，更是建商想要順利經營，決定公司生存與否的命脈。由於營建業回收資金所需的時間很長，如果無法貸款，就可能面對資金斷鏈，公司周轉不靈的窘境。

建商的營運模式很簡單，買土地、蓋房子，然後賣房子賺錢。

買土地，可以跟銀行申請「土地融資」借錢來買。蓋房子，可以向銀行申請「建築融資」借錢來蓋。房屋生產過程所需要的資金，都可以利用銀行來取得。

聽起來很棒對不對？買土地跟蓋房子都可以使用槓桿。更棒的是，在預售屋機制的設計下，還能另外提前從客戶手上拿到頭期

＊ 意指「發生機率極低、且難以預料，卻仍然發生的事件」。

款及工程款。所以，建商只要以少部分的資金就能蓋房子了。

你以為這樣就已經很好賺了嗎？

更棒的來了，如果最後房子沒賣完，建商還可以跟銀行申請「餘屋貸款」，也就是建商蓋好的建案沒完銷，用剩下來的餘屋，來向銀行申請貸款。依據央行 2024 年 9 月的最新規定，賣不完的餘屋，建商可以拿來貸款 3 成資金。

大家應該有去過營業時間快結束的超市吧？還沒賣掉的生魚片，因為有去庫存壓力，超市只能減價大拍賣。但房子不一樣，賣不掉變存貨沒關係，只要靠銀行給的「餘屋貸款」，依然可以取得資金，建商可以繼續賣、慢慢賣、加價再賣，幾乎沒有擔心資金周轉不靈、需要降價的壓力。

雖然，「餘屋貸款」的利息不算低，但多高都無所謂，這些要付給銀行的利息，再加到房價裡，轉嫁給消費者付就好。放越久越貴，放越久越賺。臺灣的房子跟威士忌一樣，越陳越香。所以，在建商運用槓桿模式的情況下，房子賣價便不斷地創新高。

【當房子賣掉了】

建商：「可惡！去幫我查查這個建案的價格是誰定的，年終獎金扣兩個月。到底懂不懂？定價完全錯誤，早知道這麼貴也有人買單，應該每坪再多加 10 萬賣的。」

【當房子賣不掉】

建商：「嗯……沒賣完啊。沒差呀！未來可以賣更貴，先拿去跟銀行借錢就好。我和銀行協理上星期才一起打高爾夫，很熟的。」

從「土地融資」、「建築融資」到「餘屋貸款」，建商蓋房子的營運資金，全程都是靠銀行在「罩」的。所以，如果專業門檻過關，不需要太多錢也可以當建商。資金運轉不會構成問題，反正槓桿開這麼大，也不是花自己的錢。最壞的結果，頂多是跑路而已，倒的是公司。只要換家公司名，重出江湖又是一條好漢，這就是市場上有許多「一案建商」的原因。

總結來說，建商從買地到銷售入帳，有 3~5 年的資金空窗期。建商要靠土地融資才有辦法買地，接著要藉由建築融資才能蓋房。房子蓋完之後那些沒賣掉的餘屋，也必須靠餘屋貸款來融資，才能慢慢賣。房子賣掉、資金入帳前的現金流空窗期，就是建商營運模式的死穴，他們必須靠銀行貸款、周轉金、公司債這些財務手段才能活下去。所以只要鎖住這些財務手段，就等於掐住了建商的脖子一樣。

Point
## 關於打房這回事
讓我們回想一下，中國之前是怎麼打炒房的？
在「房住不炒」的原則下，先提出限購、限貸、限價、限售政策，讓房子賣不掉，然後提出 3 道紅線政策讓建商借不到錢，最後導致年度總銷金額新臺幣 2 兆元以上的大建商，都因為付不出債券利息而陷入財務危機。所以只要在建案入帳空窗期，徹底鎖死建商金流，無論資本額多大的建商都可能會面臨倒閉。
因為建商有這樣的財務特性，政府如果以金融管制、緊縮貸款等方法，就可以掌握營建業的生殺大權了。

## ⌂ 限貸令真的對房價有抑制作用嗎？

　　臺灣政府近年來推出不少打炒房措施，無論是紅單炒房納管\*或是加重稅制手段，最終成效都沒有預期中來得好。直到 2024 年 9 月央行理監事會議後推出第 7 波選擇性信用管制之後，終於開始奏效，祭出了史上最嚴厲的打炒房措施——限制寬限期、緊縮餘屋貸款成數，一舉讓市場急凍，預售屋銷售量直接腰斬，目前後續效應仍在擴散中（至於房價到底會不會因此下跌，第 5 章將從房市景氣循環的觀點來詳細說明）。

　　對買方和賣方來說，貸款是取得房市入場券的一大關鍵。一切的市場行為，都必須仰賴貸款，也就是說：

> ## 政府要控制房市的漲跌，就得控制金流。

　　水龍頭打開，讓資金流入，房市就會漲；水龍頭關上，徹底斷了金流，房市就可能出現下跌。因為房地產市場運作的底層邏輯就是槓桿，如果房地產借不到錢，這個市場便會逐漸萎縮了。

---

\* 內政部自去年起發動4次預售屋聯合稽查、施行實價登錄2.0新制，將預售屋銷售全面納管及禁止紅單轉售等，對於促進交易資訊透明及遏止炒作已有初步成效。

# 關鍵心法 2
# 土地決定增值

　　出社會工作一陣子的小資族，好不容易存到第一桶金。這個時候，經常會面臨一個掙扎：「要先買車？還是先買房？」關於這個問題的答案，男女可能大不同。不少男生會想先買車，畢竟買臺好車是不少男人自孩提時就有的夢想，有車之後，假日可以風風光光帶另一半出去玩；下雨天，也不用再一身狼狽、濕淋淋地去上班。有錢之後，不就該是對自己好一點嗎？

　　女生則可能因為實務考量而選擇買房。畢竟有個自己的小窩，能帶來無可比擬的安全感，以財務觀點來看，買房的增值優勢更是買車遠遠不及的。但你是否有過以下的疑問：「車子一落地就折舊，未來只會越來越便宜。但臺灣一堆又老又破的房子，卻隨隨便便都要上千萬，價格完全感覺不出折舊，反而越來越貴？」買房不折舊還會持續增值的祕密，究竟是什麼？

## 🏠 同樣會折舊，車子和房子差別在哪裡？

　　車子和房子由於其產品本質、組成成分的差異以及外部經濟的影響，兩者的價值變化趨勢截然不同。車子是消耗品，隨著時間

的推移，價值會逐漸降低；而房子則具有保值增值的特性，隨著時間過去，價格可能不跌反漲。但車子和房子同樣由物理實體構成，伴隨長期使用，明明一樣都會老化損壞，這兩者之間的差異究竟是什麼？

車子是單純由機械零件所組成的，當車輛機械零件老舊，或功能跟不上最新科技，車價就會大受影響。汽車產業科技發展非常迅速，隨著新車款不斷推出，配備越來越完善，老舊車款相對來說較沒有競爭力。而車子也有其使用壽命，經過時間推移，將面臨零件老化、性能下降等問題。再加上行駛里程越多，車況就越差，車價折舊貶值也就越快。

而房屋則是由鋼筋、水泥、地磚等各種建材興建而成，使用久了，自然跟汽車機械零件一樣會折舊。但買房子，買到的不只房屋本身，還包含底下的土地。因此，在長期使用之後，最終房價會漲或跌，並非只需要考慮房屋折舊的單一因素，而必須綜合考量土地以及建物的價值變動，兩者的漲跌原因，將於後續為大家詳細說明。

## 🏠 房屋的使用年限如何判定？

以買房自住的角度來看，或許我們更應該關注房屋折舊，折舊攸關使用年限，也就是房子究竟能住多久？特別是現在房價高漲，許多人只能選擇有一定屋齡的中古屋，這些數十年屋齡的房子，會不會買沒多久，就沒辦法住人了？當我們評估房子的使用年限時，可從以下 2 個方面來分析：

## 物理耐用年數

這點可以用來判斷「房子能不能住」，也就是房子因自然耗損或外力破壞至結構脆弱、不堪使用所經歷之年數。當房子的使用年數超過「物理耐用年數」，房屋樑柱等主體結構多已損壞，連遮風避雨的基本功能都沒有辦法提供，當然也就不能住了。

## 經濟耐用年數

這則是用來判斷「房子值不值得住」。指房子因功能或效益衰退至不值得使用所經歷之年數。當房子使用超過「經濟耐用年數」，房屋結構可能還堪用，但功能設計已老舊到不值得居住，例如三合院古厝，外觀看起來沒什麼問題，但上個廁所，還要跑到室外，一般人偶爾嘗鮮還可以，卻不會想長期居住在這裡。

通常物理耐用年數要視維護的屋況而定。有些古厝已經近百年，房子卻依然沒倒；而有些長期沒人住的空屋，不到 70 年可能就破破爛爛了。但是房屋有沒有倒塌，跟適不適合居住是兩回事，一般來說，我們不會只用「是否倒塌」來作為居住安全標準。

這也是為什麼，在實務上評估房屋價值時，會以經濟耐用年數為主，而非物理耐用年數。那麼，該怎麼判斷一間屋子的「經濟耐用年數」呢？依據估價師公會全國聯合會第四號公報，並按照建材種類來區分：

| 房屋建材 | 經濟耐用年數 |
| --- | --- |
| SC 鋼骨造、SRC 鋼骨鋼筋混凝土或 RC 鋼筋混凝土造 | 50 年 |
| RB 加強磚造 | 35 年 |

但要特別注意的是，如果房子一直都有進行良好的整理與維護，經濟耐用年數是可能延長的，而因應建築法令及建築技術的改進，屋齡較新的建物，其耐用年數也更長。比方說，921 大地震（1999 年）以後新建的房子，其經濟耐用年數甚至可加計調整 40%。而針對以上因素，銀行在估價時都會納入考慮。所以要判斷房屋的使用年限，還是要以房屋的實際維護狀態為準。

Point

**屋齡超過「經濟耐用年數」的老公寓，能買嗎？**

如果遇到一間屋齡 50 年超過「經濟耐用年數」的老公寓，外觀看起來還可以，這樣能不能買呢？我的建議是，實際看過現場後只要屋況維持良好，不影響居住安全，仍然是可以下手的。但由於銀行對房屋折舊認定，會影響房貸估價金額。而銀行放款是採用「經濟耐用年數」來評估建築物價值，因此如果是較老的房子，貸款成數可能會受影響，記得要多準備一些自備款喔！

## 為什麼又老又破的房子還會增值？

接著回到前面提出的問題：「老房持續增值的祕密，究竟是什麼？」買房子，買到的是土地以及坐落於土地上的建築物，由此可以得知：

房價＝建物＋土地價值

　　而以上兩者占總體房價的比重，又會因不同區域的地價與房屋營建成本有所不同。地價較高的縣市，土地價值占整體房價的比例較高。若以臺北市新房子為例，土地跟建物所占的房價比重，大約是 6：4。

　　但隨著時間過去，兩者比重也可能會逐漸改變。畢竟房子是鋼筋混凝土蓋的，跟車子一樣會老舊會壞，同樣會折舊，建物價值將隨著年數逐漸降低，直到完全不堪使用而歸零。但土地是不生不滅的，不管經過多久永遠不會毀壞。而在地狹人稠的臺灣，就只有這些可供建築的土地，它就如同鑽石一樣擁有無可取代的稀有性。所以土地不僅不會折舊，反而還會增值。

　　這也就是為什麼，即使老房子的建物價值因折舊而逐漸變低，但土地價值還是持續上漲。因此綜合來看，房子總價仍然是上漲的。不管建物有多老舊，只要土地條件良好，房子總價就是會持續上漲。2022 年 7 月，有間位於臺北市北投區屋齡約 106 年的古厝，還能以總價近 2.8 億元成交，就是最好的案例。

### 又老又破的房子為何會增值？

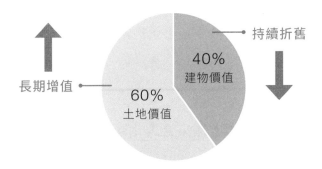

## ⌂ 土地是決定房地產增值的關鍵

當大家了解土地對於房價的重要性，就可以明白各種不同住宅為何會出現這些漲跌變化，也不會再被建案廣告的行銷內容或是銷售人員的各種話術誤導了。以下我將根據不同類型的房子，進一步為各位破解迷思。

### 為什麼透天厝比較貴？

因為擁有獨立建照的透天住宅，不僅持有的土地坪數比公寓大樓還大，土地含金量高，屋主更是單獨持有完整的土地產權，未來可以自行決定改建，完全無需其他人同意。相較於土地面積小，且與社區其他住戶共同持分土地的公寓、華廈及大樓產品，想都更改建還要看別人臉色，即使花了 20 年可能都還無法取得共識，所以透天厝當然更有價值。

### 為什麼買地上權房子漲不多？

因為地上權產品並沒有土地所有權，只有興建建物的地上權。這會導致地上權房子失去了土地的增值效益，當然價格不太會漲。許多人可能不知道，地上權是有期限的，到期後價值歸零，土地將歸還給地主，而建物更是必須拆除。隨著地上權年限的縮短，房屋的價值也會隨時間推移逐漸降低，甚至最後轉售時還可能面臨乏人問津的窘境。

### 為什麼不該用營造成本上漲來合理化房價大漲？

因為建物成本只占房價組成的一部分，更關鍵的是土地。當銷

售人員宣稱近年來建物營造成本上漲 3 成，房價為了反映成本也必須上漲 3 成，這是完全不合理的。因為如果地價沒有同時等比例上漲，整體最終房價成本的上漲比例自然不可能是 3 成。

## 買房的重點是買土地

買土地的本質就是買區位。那買房買的是什麼？是買城市的未來發展，共享經濟成長的房價增值；是買住家鄰近的公共設施、感受居住的寧適性；是買上下班通勤節省的時間，讓自己能多一點和親愛家人相處的餘暇空間；同時，也買周遭鄰居的素質，讓孩子能在一個安全的環境成長。而以上都是由土地的區位所決定的，這更會影響未來的接手性。

土地是有限的資源，即使是 21 世紀的現在，仍然是眾人爭相競逐的標的，隨著都市發展、人口增加、經濟發展，土地的稀有性仍將促使價格持續不斷上漲。土地決定了你的房子未來會不會有人想買，甚至房子最後老了、舊了、不能住的時候，能否順利都更、有沒有機會改建，還是看土地價值而定。土地，就是決定買房會不會增值的最大關鍵。

# 關鍵心法 3
# 房市上漲的動能在於資金

有些人將金錢視為衡量一切的標準,認為有錢就能為所欲為,而毋須考慮他人感受。這種扭曲的心態,可能讓他們在面對道德與價值觀衝突時,做出錯誤的選擇。房地產市場也是一樣,如果過多資金湧入,就容易出現亂象。

當市場游資(社會上流通而無所存儲的浮游資金)過於充沛,大家瘋狂湧入房市,就會造成供不應求,使房價不合理暴漲。因此有不少人認為,提升利率是最有效的打房政策,只要透過升息來緊縮市場資金,房價一定會下跌。然而,真的是這樣子嗎?在此一小節,我們就來談談資金對房地產所造成的影響,並提出一個好記的公式讓你可以預判房市走向,甚至從中獲利。

## 資金如何帶動房市?

央行就像國家經濟的舵手,它會透過控制貨幣供給和調整利率等貨幣政策,來維持經濟的穩定。就像開車一樣,當路況好,為了更快抵達目的地,你會適時加速;當路況不好,考量到安全第一,你會慢慢減速。央行也是如此,它會根據經濟狀況來決定施

行寬鬆或緊縮之貨幣政策。

當經濟過熱，物價上漲太快時，央行會實施貨幣緊縮政策，可能透過升息方式提高基準利率。這樣一來，借錢的成本變高了，大家就不太願意借錢消費或投資，經濟活動就會放緩。或者透過賣出公債等公開市場操作，收回市場上的資金。只要讓大家手上的錢變少，消費及投資意願也會降低。達到抑制通膨的效果。

反之，當經濟不景氣時，央行將實施貨幣寬鬆政策。藉由降低利率或是買入公債等方式，鼓勵大家借錢消費、投資，以刺激經濟成長。貨幣寬鬆政策雖然能刺激經濟，但也會帶來一些副作用，因為當市場上錢變多了，就會像往瓶子裡倒水一樣，讓各種資產的價格水位都漂浮得更高，而房價就是其中之一。

那麼，為何貨幣寬鬆政策讓市場上的流通資金變多之後，會進一步導致房價上漲呢？一般可歸結為以下 3 個原因：

### 抗通膨需求提升

過多的貨幣流通可能導致通貨膨脹。當物價上升，消費者需要支付更多的錢來購買相同的商品和服務，因此，同樣的錢能買到

的東西越來越少，企業的生產成本也會隨之上升。為了對抗通貨膨脹，人們會將資金投入到較能抵抗通膨的硬資產，例如：房地產及黃金等貴金屬，以確保個人資產不會受通膨影響而貶值。

### 投資比重增加

當央行透過降息或公開市場操作往市場挹注資金，營造出相對寬鬆的市場環境，也意味著企業和一般民眾都更容易取得資金。除了投入生產之外，額外的資金也會尋找投資機會。而低風險高報酬的房地產因為被視為相對穩定的投資標的，往往成為投資的首選。當大量投資者湧入房市，自然會推高房價。

### 透支未來買盤

當央行下調基準利率，將導致房貸利率下降，降低了購屋者的成本，也提高了買房的支付能力。較低的利率代表民眾可以借更多的錢來買房子，那些原本還不具備購屋能力的人，即可能因此能夠提早進場買房。需求增加雖然表面上對房市有利，但其實是憑藉透支未來的購屋買盤而達成的。

## ⌂ 升降息對房價的影響

資金對房市有正向影響，通常是多數人的共識，畢竟在總體經濟學領域是這樣運作的。但如果更換一個命題，改成「升息和降息對於房價的影響」。答案可能就會讓很多人爭論不休了。

有些人覺得，降息會導致房價上漲；升息將造成房價下跌。理

由便是前面所提到的，當央行降息時，房貸利率跟著下降，購房成本降低，可刺激民眾買房。加上投資及避險買盤也進場，房價因此上漲。反之，當央行升息時，收回市場流動資金，購房成本增加，在抑制各類需求之下，房價可能下跌。

有些房地產業界人士則認為，不管升息降息，房價都會上漲。在他們眼中，不管股市是漲是跌、突然發生地緣風險甚至戰爭，房價都會漲。若是出於保護自身利益的心態而做出的任何判斷，都必定是房價看漲。

然而，也有專家實際分析了臺灣 20 年的利息與房價的趨勢數據變化，依據過去的歷史經驗，做出以下結論：降息循環初期房價下跌，後期房價才會上漲；升息循環則會維持房價漲勢。

其實，以經濟學方法來看，要分析兩個變數之間的關係，前提是其他條件相同不變。上述所有推論都僅考慮單一變數（升降息）對房價漲跌的影響，卻忽略了其他條件。

德國股神科斯托蘭尼（André Kostolany），曾經提出著名的「市場行情理論」，來分析股市行情是怎麼產生的，他導出的公式是「貨幣＋心理＝趨勢」。貨幣指市場資金，只要供給無虞就有機會使股市上漲。但如果只有貨幣，股市也不會有變化，還要考慮投資大眾的心理預期因素。如果投資人對於股市的預期是負面的，就會把資金配置到債券或房地產，沒有人進場買股票，市場自然不會漲。

因此，股市是漲是跌，要看這兩個因素的相對關係。只有在貨幣和心理預期因素都為正面時，股市才會大幅上漲；反之，股票

指數會大跌。如果一個因素呈正面，另一個因素呈負面，整體趨勢則不會有大幅的波動。如果其中一個因素較占上風，便會透過略微上漲或下跌的方向呈現。

　　對於房市行情，也可以用相同觀念進行判斷嗎？答案是肯定的，我個人基於過去在房地產及金融 20 年的實務經驗，並考慮房地產市場特性，修改後推導出了以下的「房市行情心法」：

$$房市趨勢＝資金＋總體經濟情勢＋房市心理預期$$

| 資金 | ➡ | 控制市場資金，並非只有升降息一種方式。央行調整「存款準備率」，也會影響銀行可用資金量。依央行推估，升準1碼約可收回1200多億的市場資金。央行2024年6月及9月即各調高「存款準備率」1碼。因此，若要從資金來判斷對房市影響，應綜合考量其他相關政策。 |

| 總體經濟情勢 | ➡ | 經濟景氣的好壞會直接影響民眾的購房意願。當經濟景氣好，民眾收入增加，購買力提升。投資者對房地產的投資需求增加，願意投入更多資金。反之，經濟不佳時，民眾收入減少，購房能力自然降低。此時經濟前景不明朗，投資者會變得保守，減少房地產投資。 |

| 房市心理預期 | ➡ | 政府房市政策會直接影響市場參與者的信心和行為，進而影響房價的走勢。打房政策可能會讓自住客預期房價下跌，因此延後購屋計畫。投資客也可能因為政策的不確定性增加，暫時選擇退出房市，而將資金轉而投入股票或是債券。 |

房市趨勢是漲是跌，可由這幾個因素來做判斷：當資金寬鬆、總體經濟情勢穩定，且房市心理預期正向，房市將會大漲；反之如果資金緊縮、經濟負成長，且房市心理預期負向，房市則會大跌。若二正一負，或一正二負，房市則可能略微上漲或下跌，不會有過大波動。

## 升息打房、房價必跌？ 臺灣房市的實證分析

接下來，我們試著將前述的「房市行情心法公式」套用在實務上來說明，並且以歷史實際數據來進行分析。資金面將以央行降息、降低存款準備率（降準）及其他對於資金動能有正面影響的政策來看；總體經濟及房市心理預期則依當時經濟情勢及房市政策為準；房市則以內政部住宅價格季指數代表，並以季指數對去年同季變動率代表變動趨勢。

2009 年遺產及贈與稅稅率調降為 10%，開啟了一波資金行情（正向）。雖然 2010 年政府開始實施一系列打房措施（負向），2012 年推出豪宅限貸及實價登錄 1.0，2014 年第 4 波信用管制、北市囤房稅，但在經濟維持穩定（正向），趨勢二正一負，房價始終維持成長。

直到 2015 年臺灣經濟出現明顯衰退（負向），趨勢二負一正，房市才開始反轉向下，並於 2016 年轉為負成長。政府為了刺激整體經濟，從 2015 年中至 2016 年中開始連續降息 4 次。也穩住整體行情，讓趨勢並未變為 3 負，房價行情沒有因而大跌。

而 2019 年 1 月開始施行「歡迎臺商回臺投資方案」，提高市場對於熱錢回臺的預期。2020 年由於新冠肺炎影響，降息 1 碼（正向）。2021 年臺灣經濟年增率突破 6%，創 11 年來新高（正向）。房價又開始大幅成長。

2022 年至 2024 年雖然升息又升準，資金緊縮（負向），且 2020 年政府開始實施選擇性信用管制等打房措施，原本房市已現疲態，但由於 2023 年新青安政策推出後帶動了房市上漲的心理預期（正向），因此房市漲勢再起。又在 2024 年推出史上最嚴厲的打房措施（限貸令）後，房市心理預期轉為負向，趨勢轉為二負一正，後續發展值得觀察。

### 全國住宅價格季指數趨勢圖

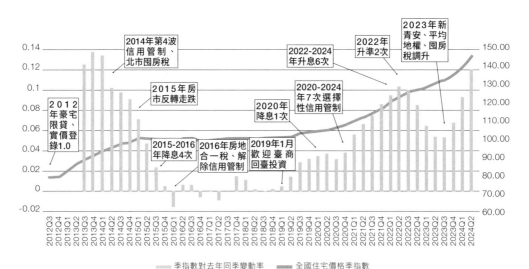

基期為 2016 年全年 =100
資料來源：內政部不動產資訊平臺

## 推動房市上漲的動能：資金

　　資金對於房地產市場，就像汽油之於引擎。當市場上過多的錢追逐過少的商品，就會導致房價不理性地上漲，而房價不斷上漲，又會提高房地產投資需求，讓在各類金融商品市場中追逐獲利機會的投機客大舉進入房市，進一步推高房價。在這樣的交互作用之下，使房價偏離實際價值，漸漸瀕臨泡沫化。如果政府沒有適時干預，就會埋下未來房地產泡沫破裂，引發金融危機。

　　資金雖然能夠帶動房市，但也必須考量總體經濟情勢及政府打房對於房市心理預期的影響。如果想只靠升息來打房，若非大幅度升息，在未搭配其他打房措施的情況下，效果便難以發揮。對買房者來說，可以透過判斷總體經濟及政府的各項房市政策，來預先判斷可能出現的行情。

　　而資金，就是推動房市上漲的關鍵動能。

# 關鍵心法 4
# 流動性決定風險

「世事難料，禍福無常。」在我們的日常生活中，存在著許多無法預料的風險。這些偶發事件雖然出現的機率極低，但如果真的發生，可能會對生命與財產帶來極為不利的影響。依照保險理論，「風險」指的是造成損失的不確定性；而股神巴菲特則認為，會永久損失本金的事才叫風險。所以，股神有一句名言是：「投資第一原則是不要虧本，第二原則是不要忘記第一條。」

房市也同樣存在諸多難以預測的變數。例如 2024 年 9 月，央行突然推出史上最嚴厲的第 7 波選擇性信用管制，而且即刻實施，讓不少人措手不及。所謂的黑天鵝，就是指這類難以預料但仍然發生的事件。如果所有事情都可以精準預測，大家都會先「逃難」。那麼，買房最大的風險是什麼？

## 🏠 房子，不是想賣就能馬上賣掉

通常，一般人都會覺得，買房的最大風險，是房價下跌。現在房價動輒上千萬起跳，只要下跌個 10%~20%，很可能就損失上百萬，辛苦用肝換來的薪水一下子就賠光了。如果再考慮到

〈1-1〉所提到的房貸槓桿放大效果，虧損情況則更嚴重。

不過，以景氣循環的觀點來看，房地產的特性是長期上漲、大漲小跌。也就是說，由於經濟成長及通貨膨脹等因素，房價就算短期有漲有跌，長期仍將上漲。而以漲跌幅來看，當房市處於牛市，漲幅可能高達好幾倍；即便房市反轉，為了避免逾期放款＊造成金融體系結構風險，國家往往不會放任房價超跌，必然提出各種政策拯救市場。因此，就算下跌，房價也難以回到原點。

基於這樣的邏輯，很多人都認為買房是沒有風險的，不只是缺乏經驗的民眾這麼想，連第一線從事房地產業的從業人員也如此。特別是這幾年的多頭市場，由於貸款容易、經濟情勢也佳，大家都搶著買房。若討論房市風險，不免有許多人會覺得這不過是危言聳聽罷了。

但有句話是這麼說的：「最容易出車禍的人，不是不會開車的，而是那些太有自信的人。」其實，買房的風險並非只來自房價的漲跌。買房如果毫無風險，這個世界上就不會有房子被法拍，也不會有房地產公司倒閉了。和大家分享一個中國不久前發生過的例子：

被中國媒體稱為「宇宙第一房企」的碧桂園，連續7年進入《財富》世界500強企業排行榜。這麼強大的地產開發商，在中國政府提出「房住不炒」原則，傾國家之力打擊炒房的重手下，一樣出現了財務問題。

當房市不好，產品很難銷售，外部再融資也借不到錢，企業可動用的資金就會不足。如果資金斷絕，不管公司再大，帳面資產是否為正值，依然逃不過赤字倒閉的命運。

---

＊ 當貸款戶欠繳貸款的本金或利息超過3個月，該筆貸款就會被認定為逾期放款。而逾期放款比率是評估銀行放款品質的重要參考指標，若比率越高表示銀行放款品質越差，存款戶的存款安全性越低，容易引發民眾恐慌性擠兌。

或許有人會想，自己又不是有一堆房子要賣的建商，就算房地產市場的黑天鵝出現，到時候看苗頭不對，再把手上的一到兩間房隨便賣掉就好。有這種觀念的人可能還沒賣過房子，或者不清楚買賣房子需要花多久時間。我舉個生活中常見的實際經驗，來讓大家更好想像。

　　你有想過，如果家裡突然發生變故，急著要在兩週要拿出 200 萬，該怎麼辦呢？我們可以用持有現金、股票以及不動產等幾種資產類型來進行模擬。如果你有 200 萬的現金存在銀行，就可以直接領出存款，瞬間解決所有困擾；若你持有 200 萬的股票，股票交易原則是 T+2 日，也就是說，今天賣股票，後天款項就會匯至銀行戶頭。雖然急著賣股，股價不一定能賣在最高點。但畢竟是急用，變現性次於現金的股票，因應短期急用也沒問題。

　　但如果你所有的資金都投在不動產裡，現金不到 200 萬，時間只有兩週，靠銀行增轉貸來不及，臨時找親朋好友借錢也湊不到，唯一的方法剩下賣房子，情況會變得如何呢？賣房不像網購，它涉及了許多複雜的法律程序和交易細節。首先，你必須先決定要自售還是找仲介。自行銷售雖然可以透過刊登網路平臺來完成，節省仲介費，但需要花費較多時間和精力。你會有接不完的電話，其中可能還有許多是想要爭取賣房機會的房仲（假買方）。如果將房屋委託給房仲公司銷售，由房仲協助，雖然相對省力，但會增加仲介費此項成本。

　　選擇委託房仲公司銷售，又會面臨一個選擇：是一般委託還是專任委託？一般委託可以同時委託多家房仲公司銷售房屋，屋主也可以自行銷售，能增加房屋曝光率，可能更快找到買家。專任

委託則是只委託一家房仲銷售房屋，在委託期間內不得再委託其他房仲，房仲可能更積極為你服務。如何選擇，則取決於個人需求和對房仲的信任程度。

當你決定了銷售方式，還需要配合買方安排看屋時間。三不五時就有人來你家看房子，你必須容忍這些陌生人對你家指指點點。接著還要與房仲相互配合，和不同的買方進行議價。好不容易找到出價合理的買方之後，後續還要經歷簽約、用印、完稅、過戶、交屋等漫長的流程。

根據統計，從想賣房子到實際拿到現金，通常平均需要花費 2 個月以上。當你急著用錢，遠水根本救不了近火，房子不是你想賣就一定馬上賣得掉的。綜合來看，房地產是各種資產中變現性最差的。流動性不足，就是房地產難以克服的死穴。

**不動產變現需要多久？**

流動性

現金
立即變現

股票
2 天變現

不動產
2 個月變現

## 🏠 缺錢急售？等著被坑吧

或許你會想，如果家中有重大變故欠缺現金，只要坦白向仲介說明自己財務上出了點狀況，必須急售。請他多幫忙，多找一點

買家、帶看勤勞一點、將一切售屋流程加快處理，大不了仲介費4%付好付滿就好。

然而，當你表明「急售」的那一刻，就失去談判籌碼了，你將會看到所有人性最醜陋的樣子。有些房仲長期與投資客配合，或甚至自己身兼投資客。如果知道屋主有急售的動機，這些房仲可能就會聯合投資客，利用各種方式，不斷壓低屋主的售價方便吃貨。他可能會刻意不回報有意看房的客戶，製造出無人想看房的表象；也可能刻意安排多組買方，在看房時不斷挑剔你房子的缺點，讓你覺得開價過高，打擊你對於賣價的信心。

任何一個投資客只要知道屋主急售，就很有可能出低價急著占你便宜。賣價想高於實價登錄，或是把一切售屋成本轉嫁給買方？別想了，房子賣價想賣高，是靠時間磨出來的，你有時間配合買方演出欲拒還迎的劇本、慢慢跟買方耗嗎？

當時間不站在你這邊，急需現金只能跳樓大拍賣，不低於當初的買價就不錯了。房價上漲的紙上富貴根本賺不到，最後被買方砍價砍得滿身血，還要跟他說謝謝。

總之，只要缺錢急售，就不可能達到理想的賣價。就資產配置的觀點來看，建議大家千萬不要把所有的資金都押在變現性差的不動產上，一定要預留至少6個月的生活預備金，預防可能發生的變故。

## 🏠 謹記房地產的最大風險：流動性不足

所以，大家要記住，買房最需要擔憂的，其實不是房價下跌，

而是流動性不足造成的資金斷鏈。天下沒有只漲不跌的市場。房市進入熊市，開始下跌循環，最壞的情況，價格可能下跌 30%，3 年之內可能都難以脫手。此時市場上買家不多，大家都不願意接天上掉下來的刀子。如果不願意降價求售，賣方就必須花更長的時間才能找到適合的買家。

如果你沒有撐過這段房價下跌的能力，就算房地產長期只漲不跌，短期資金卡關，照樣會陷入危機。或許房價的一時下跌，以長期來看只是小波動，事後還是漲了好幾倍。但如果發生當下自己時運不佳，嚴重的話房子甚至會被法拍，到時候受苦的可能就不只是自己，還有無辜受累的家人。

# 關鍵心法 5
# 不可忽視政府管制的影響

　　政府打房，是讓人又愛又怕的房市關鍵字。愛的是，面對貴到不合理的房價，政府適時干預，有機會讓房市降溫，讓真正有自住需求的人，可以用更合理的價格買到心儀的房子。怕的是，政府打房的輕重很難拿捏，打得太重，可能會影響到經濟；打得太輕，又會被人批評打房無效。而人性的最矛盾之處是經常追高殺低。當房價真的下跌，反而很多人更不敢買。

　　政府對於房地產態度所帶來的影響十分深遠。打房，是每隔幾年就會面對一次的事。想買房的你，或許此刻最想問的是，如果政府未來持續打房，還能進場買房嗎？我想告訴大家的是，其實政府對於房市調控有基本的原則，房價的跌幅也有固定的邏輯可判斷。

## 🏠 政府對房地產的基本態度是什麼？

　　一般人看政府的房產政策，總覺得像霧裡看花，政府時常在推出加重稅負及貸款限制等打房措施的同時，又同時輔以各項優惠房貸及租金補貼。一邊打，一邊救？這不是邏輯矛盾嗎？政府到

底是想要打房，還是想要救房？

以 2023~2024 的房產政策為例，政府就給了房市 3 巴掌加 3 根棒棒糖。3 巴掌是打炒房措施，包含平均地權條例修正、囤房稅 2.0、選擇性信用管制調整。3 根棒棒糖是租買房補助措施，包含 300 億元中央擴大租金補助及整合住宅補貼方案、中產房貸支持專案、新青安貸款。

這就是為什麼常常有人說，政府打房都是打假的，根本就沒有認真想整頓房市。甚至有些人會從陰謀論的觀點懷疑政府因為跟民代收了太多政治獻金，早已被開發商、代銷或房仲等利益團體豢養，自然不可能拿磚頭砸金主的腳。

但我在這裡要講句公道話，大家對於政府可能有些誤解了。由於房地產在經濟體系中的特殊性，政府的各項房市政策更必須謹慎，一切施政得以整體影響為考量，以免帶來負面後果。讓我們從以下兩個面向來討論：

## 房地產具備自住及投資的雙重性

並非所有買房的人，都是想賺價差的投機客。政府必須保障人民的基本居住權利，而非不分青紅皂白地全面打壓。

住宅法就是為保障國民居住權益而設立的。對於經濟弱勢族群，政府不只興建社會住宅，也會提供自建、自購、修繕住宅貸款利息及租金補貼。無論房市處於牛市或熊市，是否同時有其他抑制房市措施，像這種保障自住客和弱勢族群的居住權的房市政策，政府都必須持續推行才是合理的。

## 房地產與金融體系之間具有高度的連動性

這點是最重要的關鍵。如果為了抑制房價，政府打炒房力道過猛，可能會誤傷銀行，引起更大的金融危機。讓我們從兩者間千絲萬縷的關係談起吧。

銀行的放款業務，可依有無抵押品分為以下兩者：

| | |
|---|---|
| 無擔保貸款 | 是完全以借款人信用做為保證的貸款業務，又稱「信用貸款」。 |
| 擔保貸款 | 要求借款人提供房地產等抵押品或保證人，如果借款人未來無法履行債務，銀行可拍賣其抵押品，或改向保證人追討債務。 |

以內部風險控管的角度，銀行較偏好以房地產做為抵押品的貸款。如果未來你無法按時還款，銀行就可以將這間房子拍賣，用拍賣所得來抵償你的貸款。對銀行來說，就像買了一份保險，即使你還不了錢，他們也能從房子上回收部分款項，而信用貸款可能一毛都拿不回來。

## 🏠 房市風暴將釀成金融危機

但以國家的觀點來看，銀行資金過度集中在不動產，並非好事，不僅會壓縮其他生產事業投資，造成產業無法升級。更致命的缺點在於，若銀行放款業務過於集中，如同把所有的雞蛋放在同一個籃子裡，一旦房地產市場出現波動，銀行就會面臨極大的風險。如果房價跌幅過深，借款人可能無法按時還款，銀行將會

面臨大量的呆帳，進一步產生金融系統性風險。

為此，政府訂立了銀行法第72條之2，以管制不動產貸款的集中度。依其規定，商業銀行辦理住宅建築及企業建築放款總額，不得超過放款時所收存款總餘額及金融債券發售額的3成。這就是俗稱的「銀行不動產放款天條」，銀行內部則設有更嚴格的要求，自訂比率28%以上為警戒區。但即使已有限制，仍無法改變金融體系與房地產間緊密相連的業務關係。

用較為戲劇性的方式形容，在金融體系裡，如果房價是綁匪，銀行就是人質。大家都看過電影中的綁匪是怎麼挾持人質的吧？綁匪右手拿槍，左手勒著人質脖子，吶喊著所有人都不准過來。由於兩者的命運彼此相依，當房價這個綁匪被一槍擊斃，並不是所有人從此以後就過著幸福快樂的日子。如果誤傷了身為人質的銀行，將會引發後續更為恐怖的連鎖效應。

一開始，會先造成人民大量失業。因為一般中小企業的老闆無法向銀行貸款，營運缺乏資金，公司只好倒閉收場。然後，每個人要上繳更多的稅。因為國家為了拯救銀行，必須打消這些呆帳，最後還是要用你我繳的稅來挽救。舉個實例：

臺灣2001年第2季銀行逾期放款總額曾經累積至9291億元。為了處理這些經營不善的金融機構，政府成立了RTC（金融重建基金），並賠付了上千億元。

所以，房價暴漲固然不好，但也不能暴跌，以免影響金融穩定甚至國家經濟。穩定房價固然重要，但更需要考量的是背後的金融風險。政府不能僅以房市角度思考，必須維持兩者之間的平衡。這就是為什麼有時政府出手打房，並非單純基於居住正義，

而是為了防止金融危機發生。以 2024 年 9 月央行推出第 7 波選擇性信用管制為例，央行總裁楊金龍在媒體上即表示，背後原因就是出自於銀行信用資源在這段時間過於向不動產傾斜，必須以美國次貸危機為鑑，提早行動。

　　總體而言，房價就像物價，長期必然隨通貨膨脹而上漲。除非像日本經歷失落的 20 年，國家經濟不振，通膨變通縮，房價才可能不漲甚或下跌。因此，政府對房地產的基本態度就像看待物價，維持穩定最好。只要不是短期暴漲造成泡沫，房價持續緩漲，讓薪資成長有機會跟上房價漲幅，政府就無須也沒有理由刻意打壓房市。

　　很多人都用房價有沒有跌，來作為政府打房政策成不成功的指標，但其實以整體經濟的角度，房價不暴漲或暴跌就是最大的成功了。

## 🏠 政府打房，房價最多會跌多少？

　　前面提到，政府對於房市的態度是維持穩定，避免房價暴漲或暴跌是最高指導原則。所以當房價過高，政府會打房，房價跌深也會救房。是的，政府不只會打房，也是會救房的。比方說，過去政府曾經推出了多項的救房措施（整理如右頁），例如在房市谷底的 2000 年推出 3200 億元的「振興房地產方案」，2001 年開放外資來臺投資不動產等。

## 政府曾經推出的救房政策

| 2000 年 | 2001 年 | 2002 年 | 2004 年 | 2005 年 | 2009 年 |
|---|---|---|---|---|---|
| 3200億元「振興房地產方案」。 | 開放外資來臺投資不動產。 | 土地增值稅減半徵收2年。 | 土地增值稅減半延長1年。 | 土地增值稅永久調降。 | 遺產及贈與稅稅率調降為10%。 |

那麼，究竟房價跌多少，政府才會開始救房呢？

我們還是得從避免發生金融危機的角度來解析。依據聯徵中心房貸統計分析資料，2023 年 12 月全臺平均核貸成數 (%) 採加權平均為 70.72%，因此，當整體房價跌幅超過 30%，將導致房價低於房貸。在房貸金額比房價還高的情況下，將會有許多客戶會認為，與其續繳房貸不如違約讓房子被法拍。這時，銀行會因此面臨巨額客戶違約的風險，甚至造成銀行瀕臨倒閉。由此，我們可以知道：

## 房價跌 30% 是一個風險關鍵值。

當房市已跌 10%~20%，趨近 30% 風險點，政府就會開始有所動作，取消原有的打房措施，甚至加大力道推出救房措施。以這樣的原則，我們也可以推估政府打房的房價跌幅。政府打房，房價最多跌多少？答案就是 3 成。

## 政府管制目的在於維持房市穩定，自住買房無需擔心

讀到這裡，你應該可以充分理解房地產的特殊性了。在各種金融商品中，股票價格可以腰斬，期貨價格可以跳水，但房地產因為挾持了銀行，房價跌幅超過 3 成即可能造成銀行房貸客戶違約風險。在金融體系不能倒的優勢撐腰下，唯獨房價不能暴跌。這也是房地產相較於其他金融商品最大的差異。

由於房市與金融體系的緊密關係，即使政府持續打房，短期價格出現變動，房價也不容易出現過大的跌幅。政府管制目標是維持房市穩定，將觀察房價變化，彈性推出打房或救房措施。就長期觀點，房價仍將回到上升軌道。所以，只要長期持有，買房時已做好財務規劃，有能力因應短期發生的各種變動，降低流動性風險，就不用太擔心政府打房對你造成任何影響了。

## 向股神學習！
## 無須擇時、風險最低的雪球購屋法

　　買房是許多人的人生夢想，但每個人買房的目的不盡相同，有人為了自住，有人為了投資。這兩種目的會影響你在選屋、議價以及持有策略上做出不同的選擇。

　　買房投資的主要重點，在於追求租金收益、房價增值，也就是如何最大化投資報酬率。如果能以較低的成本買到房子，由於計算報酬率及房價漲幅的基準較低，不僅可提升租金投報率，也可以增加未來的房價漲幅，先天就居於不敗之地。

　　因此，我們常看到有些號稱戰地風、廢墟風的老屋，雖然外觀破爛卻還是有許多投資客去詢問。這些一般人避之唯恐不及的破房子，常常是投資客的最愛，目的就在於壓低買價、提高報酬。除了尋找低價物件外，對買房投資來說，買進的時機點也是重要的考量因素，投資客通常會尋找房價相對低點，或未來發展潛力大的區域，並希望最好能在房市低點進場，等待房市回溫時獲利出場。

　　但買房自住的考量就不同了，自住客是根據家庭成員數量、生活型態、工作地點等個人需求，選擇適合的房屋。買房的優先重點在於確保生活機能和居住品質能滿足居住需求，買進時機點並不是最主要的考量。

　　有看過房的人都知道，買房也是要靠緣分的，不是隨時隨地每個社區都有物件在出售。如果堅持要等到房價最低點才買，可能久久買不到你屬意社區的房子。畢竟，有些好社區拿出來賣的戶數不多，現在的待售物件，你如果等到最低點，可能早就秒殺了。

所以如果你買房需求是基於自住，已經看中一個社區，不但上班通勤方便，距離長輩住家也近，可以幫忙接小孩，社區管理又好。這種情況下，只要家庭財務能夠負擔，無須擇時，買下去就對了。

### ●善用雪球購屋法，讓首購族不再害怕房價漲跌

但是如果自住買房不考慮時間點，萬一碰到政府打炒房，未來房價下跌，賠了錢該怎麼辦？其實我們只要學習巴菲特的智慧，就可以讓買房賠錢機率降到最低，無須擔心政策影響。

股神巴菲特曾經說過一句名言：「人生就像滾雪球，你只要找到濕的雪，和很長的坡道，雪球就會越滾越大。」這句話不僅可以用在人生及股市投資，買房時也可以應用相同的觀念，我們只要掌握「雪球購屋法」的幾項原則就好。

### 選對雪球 →

雪球就是房子。什麼是好的雪球呢？選房子除了生活機能、交通條件，必須考慮未來轉售時的接手性。買房時優先選擇屋齡 20～30年以內、不含裝潢的產品，這樣未來即使持有 10 年，屋齡也還在40 年以下，未來仍然會有一定接手性。不建議買含裝潢的物件，則是因為裝潢折舊快，且將墊高房價。當取得成本變高，就是相對增加賠錢風險。

### 雪地要夠濕 →

雪地就是區域。怎樣的雪地才夠濕、具有增值潛力呢？買房區域要選有工作機會，人口持續流入的城市，這樣買才有人口紅利。人口紅利意味著城市消費力的提升，這不僅僅展現在房地產市場，也將帶動周邊商圈及公共建設發展。

人口紅利是驅動房市需求的強大因素，由於需求大於供給，長期

房價自然上漲。短期房市下跌，價格也有支撐。

### 坡道要夠長 →

坡道就是持有時間。怎樣的坡道才夠長呢？起碼要持有 10 年才賣。房市景氣循環的特色是，中短期有漲有跌，但長期仍然持續上漲。過去 5 波臺灣房市的景氣循環，最短 7 年，最長 12 年。因此我們抓個平均值 10 年，只要持有時間超過 10 年，無論何時進場，應足以跨越景氣循環，避開中短期價跌的波動風險，坐享房地產長期增值效益。

應用「雪球購屋法」無須擇時，無須頻繁進出，只要挑對房子和區域，時間自然會給出最好的答案。我本人就是最好的實際案例，當初在房市最低迷、無人敢買房的 SARS 時期進場買房，但挑對了好的雪球，持有 20 年後房屋便增值了千萬以上。

買房是否虧損，重要的是購買時點及賣出時點這兩個時點的房價，只要後者高於前者，中間的價格波動，都只是雜訊，無須擔憂。自住買房，只要記住以上的「雪球購屋法」，不論政府政策方向如何轉變，都能把虧損風險降到最低。

**無須擇時、風險最低的「雪球購屋法」**

**選對雪球** 01
選擇屋齡 20-30 年以內，不含裝潢、未來接手性良好的物件

**雪地夠濕** 02
買房區域選有工作機會、人口持續流入的城市

**坡道夠長** 03
考慮持有 10 年以上才賣，避開中短期景氣循環波動

# Chapter 2

# 買房前須搞懂的事！

關於房地產基本概念

# 房屋類型解析,該選預售屋、新成屋、透天或電梯大樓?

　　在多數人的一生中,可能就買一兩次房,每個決定都會影響未來數十年的人生。而房屋種類其實相當多元,從預售屋、成屋、傳統透天厝到現代化的電梯大樓,不同類型的房屋都各有其優缺點,在買房前清楚區分它們的差異,就能更精準地選出適合自己的房子。

　　買房不只是買個居住空間,更是在投資未來。每種房產類型的特性不同,會影響你的生活品質。例如,預售屋可以客製化變更格局,但需要等待較久的交屋時間;中古屋可以立即入住,但可能需要花費一筆整修費用。而每種房型帶來的居住體驗也截然不同,透天厝擁有獨立的空間和庭院;大樓則需要和他人共用公設。那麼,要如何選擇適合自己的物件呢?讓我們先來了解不同的房屋種類吧。

## 🏠 依是否完工區分:預售屋及成屋

　　房屋分類方式有很多種,較常見的是以完工與否分為「預售屋」及「成屋」。兩種房產類型在資金規劃、格局彈性以及可進

住的時間都不一樣。買預售屋可以在房子興建的過程中，參與客製化的變動，打造出符合自己需求的格局空間。買成屋則可以實地確認屋況，且有機會讓你用較低的價格買到房子。以下我將針對需要注意的重點來加以說明。

## 預售屋

預售屋是建商在建物未完工前，取得建築執照後即開始對外出售之房屋。直白來說，就是先銷售還沒蓋好的房子，你在購買時，只能看到建築圖面及樣品屋，而非可供實際居住的房屋。因此，我們可以把預售屋當作類似於期貨的概念，買賣的是未來的商品。

而買預售屋的主要優點是財務負擔較小。一開始的訂金、簽約金及開工款，僅需準備房屋總價的 10%~15%；其後的工程款，約占總價的 10%~15%，則是隨著工程進度而逐步支付。甚至有些建商會推出「工程期零付款」的方案，等到房屋結構完成、取得使用執照時再一次付清工程款。在購屋前期只需分期支付部分款項，等到房屋完工後再支付尾款，這些方式都可大幅減輕購屋者的付款壓力。

另一個優點，則是可以進行「客變」。在房子蓋好之前，就有機會依照自己的需求和喜好，調整房屋的格局、建材、配備等，如果能在房屋興建階段就完成主要變更，便可以減少拆除、重做的工程，省去交屋以後裝修的麻煩與費用。

然而，預售屋的缺點是有可能面臨完工產品與預期不符之風險，實際的房屋可能與當初銷售的建築圖面有些許差異。而建商

的施工品質也可能不如預期，直到入住後才發現問題。更嚴重的是，預售屋由於尚未興建完成，存在許多變數，你的房屋不見得能如期完工，如果建商倒閉、捲款潛逃，還可能導致消費者血本無歸。

這幾年，買預售屋的人都大賺了一筆，但這純粹是因為房市處於持續上漲的牛市階段。假設現在新成屋每坪 40 萬，預售屋每坪 50 萬，因為房市持續上漲，只要先鎖定每坪 50 萬的預售屋價格買進，等到兩三年後交屋時，房價通常早已上漲到每坪 60 萬。這兩者之間的差價（10 萬），就是提早購買預售屋，鎖定未來房價後的獲利。

但如果房市反轉，房市不再繼續上漲，3~5 年後預售屋交屋時的房價，並未上漲到每坪 60 萬，而是每坪 45 萬，甚至下跌為不到 40 萬，就無法有相同的獲利，甚至有虧損的風險。因此，在購買預售屋時，也必須以購買期貨的概念，去思考未來房市可能的價格變動。

## 成屋

成屋是建築物興建完成，取得使用執照後才開始銷售之房屋。依是否曾使用過又可分為「新成屋」與「中古屋」。新成屋指的是建案已完工，且屋齡通常在 2~3 年內的房屋。也就是說，買到的是屋況全新、沒有人住過的房子；中古屋則是已經有其他人使用過的房子，通常已經歷過幾任屋主轉手交易。

成屋的優點是眼見為憑，由於新成屋及中古屋已興建完成，消費者可親自當場確認建築物興建品質，了解房屋的實際狀況，可

以降低各種不確定性的風險。而缺點則是付款壓力較大，由於新成屋及中古屋無法像預售屋有分階段付款的財務優勢，因此，一開始就必須準備至少總價 20% 的自備款。對於首購族來說，可能會比較辛苦。

成屋的另一個缺點是由於結構與格局已經固定，如果想自由調整房間大小、衛浴位置，甚至將格局打通或變更隔間，讓空間更符合自己的生活習慣，都須付出較高的成本。而中古屋由於屋齡老舊，可能存在漏水、壁癌、水電管線老舊等問題，需要的整修費用可能更高。

就預售屋、新成屋及中古屋之價格排序來看，通常「預售屋價格最高」，這是因為預售屋是銷售未來的商品，考慮通貨膨脹等因素下，預售屋定價通常高於其他種類的房屋。而「中古屋價格最低」則是因為其屋齡最舊且有人住過，屋況比不上全新的房子，在折舊因素之考量下，價格自然最低。

若以上三種房屋的相對價格高低關係發生變動，可以幫助我們判斷房地產市場的走向。比方說，當預售屋價格低於新成屋，被稱為「房價倒掛」。假設臺北市中山區的預售屋平均成交單價為每坪 130 萬元，而新成屋平均成交單價為每坪 140 萬元。在這種情況下，即是發生房價倒掛的情況，應更小心謹慎進場。

**Point**

**何謂房價倒掛？**

代表房地產市場的景氣可能邁入衰退。若「預售屋」價格下跌，隱含建商不看好未來市場的跡象，故銷售時採保守定價以低價策略搶市。房價倒掛是房地產市場可能發生轉變的參考警訊。如果房市已經發生此情形，買房時需要多加觀望。

## 🏠 依產品類型區分：
## 公寓、華廈大樓、透天住宅

除了以完工狀態分為預售屋及成屋之外，房屋也可依照產品類型區分為公寓、華廈大樓及透天住宅。每種房型帶來的居住體驗截然不同，它們各有其適合的族群。例如，年輕人可能偏好有保全管理、郵件代收服務的社區大樓；而有小孩的家庭，為了有更廣大的活動空間，可能更喜歡有庭院的透天厝。

### 公寓

公寓指的是 5 樓以下、沒有電梯的集合式住宅。通常沒有警衛管理，也未提供社區清潔及包裹代收服務。僅提供最基本的居住機能，沒有圖書間、健身房、游泳池等公共設施，因此公設比最低。土地為各戶持分共有，因建物樓層低，戶數較少，土地持分較華廈及大樓產品高，具備較高的都更可行性效益。

公寓的優點除了住戶較少、鄰里關係較單純、公設比低、實際使用坪數較大，通常也無需繳交管理費，使用成本較低。缺點則是沒有電梯，對於老人、行動不便者或搬運重物較為不便。由於沒有完善的社區管理，社區管理可能較為鬆散，而公寓的屋齡通常較高，屋況較為老舊，容易出現漏水、壁癌等問題，購買時需要考慮額外的維護及更新成本。

### 華廈大樓

華廈及大樓指的是有電梯的集合式住宅。樓層 6 至 11 樓的建築物，稱為華廈；12 樓以上則稱為大樓。華廈及大樓有警衛和各項

社區服務，生活較為便利。豪宅式的大樓甚至可能具備飯店式管理，提供五星級的物管服務。而華廈及大樓的土地為各戶持分共有，由於戶數多，土地持分較小，較不具備都更改建效益。

華廈及大樓的共同優點是有電梯，上下樓進出方便。華廈的優勢是公設比不高，管理費用相對較低；缺點是只具備基本公設，且因戶數較少，未來若面臨更換電梯等重大修繕時，每戶將分攤較高費用。大樓則具備公設豐富及管理完善之優點；缺點則是公設比及管理費相對較高，且因戶數多，管理委員會的運作可能較複雜。

## 透天住宅

透天住宅指的是「有天有地」的獨棟式住宅。從一樓到頂樓，整棟房屋均為自己所有，坪數較大的別墅型產品甚至可能擁有前後庭院，居住寧適性佳。透天住宅的土地為屋主百分之百單獨持有，且以獨立建照方式開發，可自行決定是否改建，擁有最高的土地開發效益。雖為獨棟住宅，但不符合前述標準者，只能被稱為「假透天」，兩者價格評估方式不同。

透天住宅的優點是不會受到鄰居生活習慣的影響，能享有高度隱私，通常也附有自己的車庫或停車位，停車方便。由於擁有獨立土地產權，對於未來的改建規劃自由度最高。缺點則是缺乏包裹代收等社區服務，較為不便，且價格通常較高，需要有足夠的經濟能力。而房屋修繕、庭院整理等維護成本，以及土地稅等持有成本也會較其他類型住宅為高。

## 🏠 挑選關鍵在於需求和預算

　　房屋種類需要根據自己的需求和預算而定。每種房屋都有其獨有的優劣勢，在購屋前，除了考慮價格、地段外，更重要的是了解房屋特性是否符合需求，才能找到最適合自己的家。建議你可以實際比較看看不同類型的房屋再做決定。

　　當然，在買房前，還必須考量你的財務狀況及生活方式。首先，財務狀況會限制你選擇的房屋類型，如果一開始自備款較為不足，可能只能選擇預售屋。其次，是自己想要的生活方式，如果你喜歡大樓的便利性，可能就不太適合一切都要自己來的透天厝或老公寓。記得先釐清自己真正想要的是什麼。

# 2-2

# 買房前必須懂的
# 房屋基本資料

　　如果想了解一個人，身分證、健保卡和戶口名簿就如同一把鑰匙，可以初步知道對方的真實身分、家庭成員等背景。在房地產世界中，也有三項文件具備與個人身分證明文件相同的功能，分別是：土地及建物謄本、地籍圖、建物測量成果圖。它們能清楚地告訴我們房地產的現況、歷史，以及未來可能面臨的風險。

　　在臺灣，房地產買賣移轉，只要在地政機關合法完成登記即生效。任何人都可以自行向政府申請謄本等文件，來確定房屋最新狀態，避免遭到詐騙。買房前只要學會看懂以下這些文件，就可以有效降低買房風險。

## 🏠 土地及建物謄本

　　土地及建物謄本指由地政機關依據內部登記的土地及建物資料，所製作的正式文件副本。上面記載了土地或建物的面積、所有權人是誰？到底向銀行借了多少錢？是否遭到查封等限制登記等資訊。透過謄本，我們可以確認賣方是否為房屋土地的合法所有權人，是否有其他債務糾紛，甚至可以查看所有權人借了多少

錢來推測賣方當初的買價。

　　對一般人來說，想要了解土地及建物資料，或許更常聯想到屋主持有的「權狀」，也就是一般所稱的「地契」或是「房契」。但「權狀」與「謄本」最大的差別，在於資料的即時性。權狀提供的資料，僅限於申請核發當時的產權狀況。其後的變動，是無法從權狀看出來的；而謄本則可以隨時申請最新版本，了解最即時的產權變動狀況。

　　謄本除依記載土地或建物資料，還分為「土地謄本」及「建物謄本」外。依資料完整度，可分為以下幾類：

| 第一類謄本 | 會顯示所有權人姓名、身分證字號、住址等全部登記資料，只有本人或其代理人得以申請。 |
| --- | --- |
| 第二類謄本 | 隱匿所有權人之出生日期、部分姓名、部分身分證字號、設定義務人、債務人及債務額比例及其他依法需隱匿之資料，任何人都可申請。 |
| 第三類謄本 | 隱匿所有權人之身分證字號、出生日期等資料，只有利害關係人可申請。 |

　　因此，當我們想了解臺灣任何一間房屋資料，即使並非屋主，也可隨時向地政機關申請「第二類謄本」來確認房屋產權。此政策目的是為保障交易安全，避免社會大眾買房時被假冒的屋主給詐騙，故政府土地登記採公示原則，讓所有人都可查詢。而其申請也僅限「第二類謄本」，會將屋主之個人資料部分隱匿，以保護隱私。

　　土地謄本及建物謄本雖然記載的資料內容不同，但結構是相同的，可分為記載土地、建物面積等基本資料的「標示部」、記載

所有權人資料的「所有權部」，以及貸款資訊的「他項權利部」。
依序說明如下：

## 標示部

　　標示部記載的是土地或房屋的基本資料，內容包含土地或建物
之面積、地上是否有建物、建物坐落的土地、計算土地增值稅的
公告土地現值、建物興建完成日期、附屬建物及公共設施包含哪
些等重要資料。

▼土地謄本標示部

```
        土地登記第二類謄本（所有權個人全部）
        大安區金華段　小段　　　　－0000地號
列印時間：民國113年12月04日11時51分              頁次：1

本謄本係網路申領之電子謄本，由              自行列印
謄本種類碼：    ，可至https://ep.land.nat.gov.tw查驗本謄本之正確性
大安地政事務所　主任　林　儀
大安電謄字第　　號
資料管理機關：臺北市大安地政事務所　謄本核發機關：臺北市大安地政事務所
**************　　土地標示部　　**************

登記日期：民國068年06月19日              登記原因：地籍圖重測
面　積：*******61.00平方公尺
使用分區：（空白）                    使用地類別：（空白）
民國113年01月　公告土地現值：**853,206元／平方公尺
地上建物建號：金華段　小段　　－000
        0　－000      0　－000      0　－000      0　－000      0　－000
        0　－000      0　－000      0　－000      0　－000      0　－000
        0　－000      0　－000      0　－000      0　－000
其他登記事項：重測前：錦安段　　　　地號
```

| | |
|---|---|
| **面積** | → 代表該地號之總面積，配合所有權部之持有比例後，才能計算實際持有面積。 |
| **使用分區及使用地類別** | → 若為空白，代表為都市土地，需另外查詢使用分區。 |
| **公告土地現值** | → 此為當期公告土地現值，作為計算土地增值稅使用。 |
| **地上建物建號** | → 土地若興建有房子，則可依此查詢建物棟數及建號。 |

▼建物謄本標示部

建物登記第二類謄本（建號全部）
大安區金華段　小段　　　-000建號

列印時間：民國113年12月04日11時51分　　　　　　　　　頁次：1
本謄本係網路申領之電子謄本，由　　　　　　　　　自行列印
謄本種類碼：　　　，可至https://ep.land.nat.gov.tw查驗本謄本之正確性
大安地政事務所　主任　林儀
大安電謄字第　號
資料管轄機關：臺北市大安地政事務所　謄本核發機關：臺北市大安地政事務所

＊＊＊＊＊＊＊＊＊＊＊＊＊＊　建物標示部　＊＊＊＊＊＊＊＊＊＊＊＊＊＊

登記日期：民國079年11月09日　　　　　　　　　登記原因：第一次登記
建物門牌：和平東路　段　號　樓
建物坐落地號：金華段　小段 0　　　　　　　　　0000
主要用途：住家用
主要建材：鋼筋混凝土造
層　　數：012層　　　　　　　　　　　　　總面積：＊＊＊＊107.88平方公尺
層　　次：六層　　　　　　　　　　　　　層次面積：＊＊＊＊107.88平方公尺
建築完成日期：民國078年10月19日
附屬建物用途：陽臺　　　　　　　　　　　　　　面積：＊＊＊＊＊13.54平方公尺
　共有部分：金華段　小段　　　-000建號＊＊＊＊216.84平方公尺
　權利範圍：＊＊＊＊＊21684分之748
　其他登記事項：使用執照字號：７８使字　　　號
　其他登記事項：使用執照字號：７８使　　號

建物門牌 → 即地址，但地政與戶政屬不同系統，若未更新，資料有時與現場門牌不同。

建物坐落地號 → 建物所在之土地地號。若無該土地所有權，產權可能有問題。

主要用途 → 建物法定允許用途，例如住家用、辦公室等。可比對確認實際用途是否合法。

主要建材 → 興建建物之建材。例如，鋼筋混凝土造、加強磚造、鋼骨造等。

層數及總面積 → 層數為整棟建物之總樓層數。總面積為建物層次面積之和。

層次及層次面積 → 建物位於之樓層及其主建物面積。

建築完成日期 → 建物實際興建完成之日期，可依此計算屋齡。

附屬建物用途 → 附屬建物之種類及其面積。部分附屬建物計價方式不同，須特別留意。

共有部分 → 即公共設施。共有部分持有面積為公設建號面積 × 權利範圍。

## 所有權部

　　所有權部記載的是土地或建物所有權人的相關資料，記載內容包含所有權人是誰？所有權人的身分證字號、住址等個人資料、是以買賣或其他原因取得？在何時取得？持有之權利範圍多少？前次公告土地現值等。

　▼土地謄本所有權部

```
**************  土地所有權部  **************
（0001）登記次序：0018
登記日期：民國096年04月23日              登記原因：買賣
原因發生日期：民國096年03月02日
    所有權人：
    統一編號：
    住    址：台北市大安區和平東路    號 樓
權利範圍：******6100分之13********
權狀字號：096北大    號
當期申報地價：113年01月**180,990.4元／平方公尺
前次移轉現值或原規定地價：
096年03月    **340,011.0元／平方公尺
歷次取得權利範圍：******6100分之13********
相關他項權利登記次序：0011-000
其他登記事項：（空白）
```

**所有權人** ⟶ 包含姓名、統一編號（身分證字號）、住址等。可比對賣方資料是否正確。

**權利範圍** ⟶ 土地所有權人持有該土地的範圍。實際持有面積為土地總面積 × 權利範圍。

**前次移轉現值或原規定地價** ⟶ 配合標示部之當期公告現值計算土地增值稅使用。

▼建物謄本所有權部

```
**************  建物所有權部  **************

（0001）登記次序：0003
登記日期：民國096年04月23日          登記原因：買賣
原因發生日期：民國096年03月02日
    所有權人：
    統一編號：
    住    址：台北市大安區和平東路　段　號　樓
權利範圍：全部 *********1分之1*********
權狀字號：096北大            號
相關他項權利登記次序：00      0
其他登記事項：（空白）
```

所有權人 → 包含姓名、統一編號（身分證字號）、住址等。可比對賣方資料是否正確。

權利範圍 → 建物所有權人持有該建物的範圍。配合「標示部」主建物、附屬建物及公設面積，可求得建物總面積＝（總面積＋附屬建物面積＋共有部分面積）× 權利範圍。

## 他項權利部

　　他項權利部記載的是房地產設定「他項權利」的情況。若無設定，則謄本將無「他項權利部」。什麼是「他項權利」呢？指的是指所有權以外之不動產物權，包含抵押權、地上權、不動產役權、典權、永佃權、農育權、耕作權。在實務上，最常遇到的他項權利，就是抵押權，也就是一般所說的房屋貸款。因此，可說他項權利部的主要重點，就是讓我們了解房屋貸款的資訊。以下以建物的他項權利部，來說明其結構。

▼建物謄本他項權利部

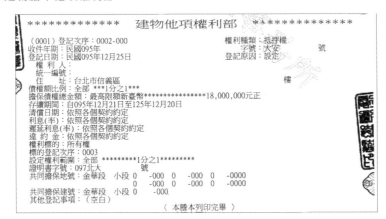

```
*********** 建物他項權利部 ***************

 (0001) 登記次序：0002-000                權利種類：抵押權
收件年期：民國095年                      字號：大安        號
登記日期：民國095年12月25日              登記原因：設定
權 利 人：
  統一號：
  住   址：台北市信義區                              樓
債權額比例：全部 ***1分之1***
擔保債權總金額：最高限額新臺幣***************18,000,000元正
存續期間：自095年12月21日至125年12月20日
清償日期：依照各個契約約定
利息(率)：依照各個契約約定
遲延利息(率)：依照各個契約約定
違 約 金：依照各個契約約定
權利標的：所有權
標的登記次序：0003
設定權利範圍：全部 *********1分之1*********
證明書字號：097北大          號
共同擔保地號：金華段 小段 0    -000 0   -000 0    -0000
                             -000 0   -000 0    -0000
共同擔保建號：金華段 小段 0    -000.
其他登記事項：(空白)
                     〈 本謄本列印完畢 〉
```

**權利種類** ⟶ 可確認「他項權利」種類，若為一般房貸，則為抵押權。

**權利人** ⟶ 若「他項權利」種類為抵押權，本欄為放款銀行名稱、統一編號等基本資料。

**擔保債權 總金額** ⟶ 通常會將實際貸款金額加2成後作為設定金額。故「擔保債權總金額」÷1.2可計算出「實際房貸金額」，再配合貸款成數即可推得賣方之原始取得成本（詳細之計算方式可見本書3-6小節）。

## 地籍圖

　　地籍圖是提供土地的位置、形狀、坐向及與周邊土地相對關係等重要資訊的地圖。透過地籍圖可確認土地的形狀是否方正、前方是否有面臨道路、面寬與縱深分別為多少、是否臨接畸零地等特殊情況，再搭配「建物測量成果圖」更可以確定房屋與坐落基地之相關關係。對於判斷土地是否具備開發潛力十分重要。地籍圖依其結構可分為3個部分。

①為申請地號之內容，可確認申請之地號是否正確。②為位置圖資訊，可了解土地的形狀以及與周邊土地之相對位置。查詢周邊各地號之土地使用分區後，亦可了解土地是否臨路，周邊是否有公園等重要公共設施。③為比例尺，依據比例尺可計算出土地之面寬及縱深，以及臨路之寬度等。

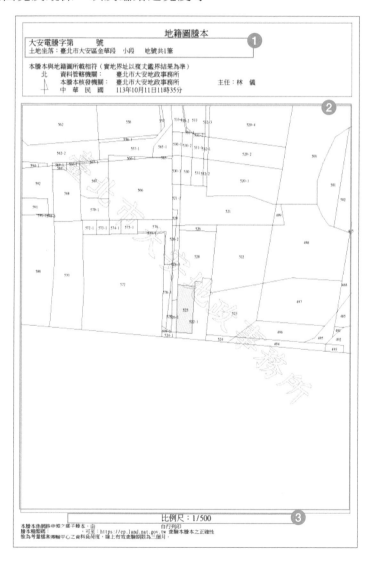

# ⌂ 建物測量成果圖

　　建物測量成果圖又稱為「建物平面圖」，可提供房屋坐落基地之位置、房屋形狀、陽臺、露臺、雨遮等附屬建物相對位置及房屋面積之計算方式等資訊。透過建物測量成果圖，我們可以了解房屋興建完成後的原始面積。此圖依其結構可分為 3 個部分。

　　①提供建物基本資料，包含坐落基地地號、門牌、構造、用途、面積等。內容應與「建物謄本」之「標示部」相同。②為位置圖資訊，可確認房屋與土地相對位置，判斷是否越界建築。③為建物測量成果圖，可了解建物形狀、附屬建物相對位置及建物面積之計算方式，若圖面標示為陽臺，但現況不符，則可能有陽臺外推等違建。面積計算也必須與建物標示部面積相同，若不一致，則可能登記錯誤。

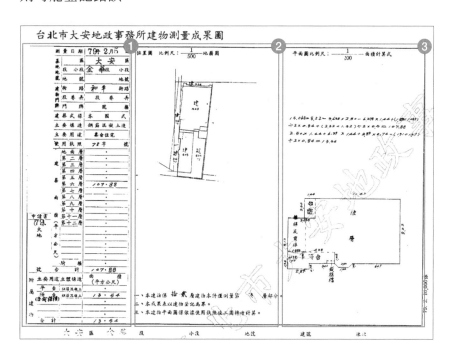

## 🏠 謄本申請並不複雜

讀完此節，你就能學會看懂土地及建物謄本、地籍圖和建物測量成果圖。這些文件雖然有點枯燥乏味，但買房就如同學習股票投資，必須要先學會看懂複雜的財務報表，了解公司的財務狀況是否健全、有沒有潛在的風險，才能確認這家公司值不值得投資。學習看懂這 3 大房地產基本文件，是買房的基本功。

那麼，一般人要如何申請這 3 項文件呢？雖然政府有推出網路申請（可至全國地政電子謄本系統或掃描下方 QR code 查詢）、通訊申請等多種申請方式，但對不常申請的一般民眾，最簡單的方式，是記住欲查詢房地產的地號和建號，並攜帶有照片之身分證等身分證明文件，至地政事務所臨櫃申請。這樣如果遇到問題，可以即時詢問如何填寫，就不用花費大把時間自行摸索了。

線上申請▶

## 2-3

# 貸款種類多，首購族該如何選擇最划算？

買房是大多數人一生中最大筆的支出。現在就算買個舊房子可能也要花費上千萬，除非含著金湯匙出世，有個富爸爸可以幫忙全額用現金買房，一般人還是只能選擇用房貸來實現購屋夢想。

如我們曾經在第一章提過的，若能善用房貸槓桿，就可以讓你以較少的資金買到房子，不僅減輕支出壓力，並在分期還款的同時，享受房地產的增值利益。這就是槓桿對於房地產的重要性。

房貸像是一把通往夢想的鑰匙，能讓你提早擁有屬於自己的家。面對各式各樣的房貸，我們又該如何選擇對自己最有利的貸款方案呢？除了銀行的一般貸款，政府為了降低購屋者負擔，也提出了各種優惠低利貸款，例如近年來相當熱門的「新青安房貸」就是其中之一。如何查詢自己是否符合申請條件？又該怎麼申請呢？接下來就幫你快速做重點整理！

## 🏠 房貸種類該怎麼選？

房貸種類繁多，不同的房貸方案，利率、還款方式等條件都不相同，更會直接影響到你每月的還款金額，這攸關你的生活品

質。而房貸是長期負債，若所選擇的方案不適合你，可能會導致個人的財務規劃失衡，甚至影響其它人生目標。因此，我們來詳細說明 3 種常見的房貸類型，讓你更好做出選擇。

## 指數型房貸

這是現行多數人買房時選擇的方案，是最主流的房貸類型。簡單來說，指數型房貸是指房貸利率會隨著市場指標利率變動的貸款方案。當指標利率上升時，你的房貸利率會跟著上升；反之，如果指標利率下降，你的房貸利率則會跟著下降。選擇此種方案，房貸利率將確實反映市場上利率的變動狀況。

指數型房貸的利率結構，是由「定儲利率指數」及「固定加碼利率」所構成。定儲利率指數即前面所稱的市場指標利率，大多數銀行，通常是用數家行庫一年期定期儲蓄存款的平均利率，作為「定儲利率指數」。接著銀行再考量本身的成本及風險，決定「固定加（減）碼利率」。兩者加總之後，即可決定指數型房貸的利率。

未來當定儲利率指數調整時，指數型房貸利率將同步調整。而定儲利率指數變動的原則，依每家銀行的調整時間不同，可能採每季調整或每月調整。調整的幅度和主要依據則是隨著央行的利率政策變動。所以，當你買房以後，如果看到央行升息或降息的新聞，一定要特別留意，因為這跟你接下來要繳的房貸金額息息相關！公式如下：

> 指數型房貸利率＝定儲利率指數＋固定加（減）碼利率

指數型房貸的優點是利率調整過程透明化，各銀行「定儲利率指數」之計算基礎及變動情況均公布於銀行網站，讓借款人能清楚了解利率變動的原因。但缺點則是如果未來利率上升，你的月付額也會增加。借款人需要隨時關注市場利率的變化，以便掌握自己的房貸支出。

## 理財型房貸

理財型房貸是將原房貸已償還的本金，再借出循環運用的彈性房貸方案。簡單來說，就是將你原本的房貸，轉變成一個可以靈活運用資金的工具。假設原來借 1000 萬房貸，已償還 500 萬，再申請理財型房貸額度後，已償還的 500 萬就變成可隨時動撥支用的資金。就像是多了一張額度高的信用卡，你可以隨時提領，用完再還。

它的優點是具備彈性、可隨借隨還，只有動用到該額度時才需要支付利息，利率通常也較信貸為低，對於有需要財務周轉者是個不錯的選擇。而缺點則是利率較一般房貸高，且額度則限於原房貸已償還之本金金額。此外，理財型房貸的期限較短，一般採一年一約的短期契約，不過在信用正常的情況下，到期之後通常可自動續約。

## 抵利型房貸

抵利型房貸是結合「存款」與「房貸」的貸款方案，只要在銀行約定之抵利帳戶裡有存款，存款利息就可扣抵房貸利息。假設原來借了 500 萬房貸，若約定抵利帳戶有 200 萬，該帳戶的存款

利息將可直接扣抵房貸利息。也就是說，你的存款越多，能夠扣抵的利息越多，等於間接降低你的房貸支出。

它的優點是在相同月付金額下，存款利息先扣抵房貸利息後，償還本金變多，可縮短還款年限，同時仍可保留存款運用彈性，作為緊急預備金。但缺點是約定帳戶存款扣抵金額並非無限制，通常有比例上限。就利率來看，抵利型房貸通常也較一般房貸高。此外，在稅務上，扣抵利息被認定為「利息所得」，對於所得較高人士，將造成所得稅計算時之影響。

## 🏠 房貸牛肉看這裡！<br>政府優惠房貸包含哪些？

政府為了協助民眾買房，已推出不同的優惠房貸方案，讓真正有購屋需求的民眾能減輕經濟負擔。相較於一般商業銀行，政府優惠房貸的利率通常較低，能有效降低購屋成本。部分貸款方案還提供寬限期，讓你在初期只需支付利息，減緩還款壓力。

### 青年安心成家購屋優惠貸款

「新青安」可以說是近年臺灣房市最熱門的關鍵字。它的出現，降低了平均地權條例修正以及囤房稅 2.0 帶來的不確定性，讓房市熱潮一發不可收拾。「新青安」的全名是「青年安心成家購屋優惠貸款」，政府從 2010 年 12 月就已開辦。2023 年推出的是修改後的精準方案，又稱為「新青安貸款」。

「新青安」之所以如此受歡迎，有兩大原因。首先是它的申請

條件相對寬鬆。只要 18 歲以上，本人、配偶及未成年子女名下無自有住宅，沒有年齡上限，不分單身或已婚，只要符合銀行放款規定，全部都可以申請。

其次，在補貼內容部分，這次的「新青安貸款」跟過去舊制相比，有大幅加碼。不僅貸款金額由最高 800 萬元提高至 1000 萬元，更將寬限期由 3 年延長至 5 年，貸款年限也由最長 30 年延長至 40 年。

「新青安」雖然確實幫助不少有購屋需求的年輕人實現了買房夢想，但也引來部分投資客濫用貸款優惠，利用人頭戶申貸，進行貸後轉租等投機炒作行為。後來政府為了防弊，在 2024 年 6 月通過「新青安貸款」優化措施。除了加強審查，也要求新申貸戶簽署自住切結書，並增訂「新青安貸款」每人限貸一次之規定。未來如果借款人將房屋用於非自住，將可能追回補貼，或調整利率、成數、還款年限等貸款條件。

**Point**

**新青安貸款該向誰申請呢？**

如果你想申請「新青安貸款」，因為資金來源是由 8 家公股銀行*以自有資金辦理，所以只能向這幾家公股銀行申請。另一個選擇，是農會的青安貸款，全名為「青年安居購屋優惠貸款」，即使你並非農民身分也可以在農漁會申請。最後要提醒的是，新青安的實際貸款成數還是要依房子的坐落地點、屋況及借款人還款能力、信用狀況等因素而定。

---

＊ 包括臺灣銀行、土地銀行、合作金庫、兆豐銀行、第一銀行、華南銀行、彰化銀行、臺灣企銀。

## 一次看懂新青安申請的方法

| 貸款對象 | 借款人 | 成年且借款人與配偶及未成年子女均無自有住宅者。無論是首次購屋或以前有房屋但已出售或轉讓，均可申辦。 | | |
|---|---|---|---|---|
| | 貸款標的 | 申請日前 6 個月起所購置之住宅。 | | |
| 貸款條件 | 貸款標的 | 最高 8 成。 | | |
| | 貸款額度 | 最高新臺幣 1000 萬元。 | | |
| | 貸款年限 | 最長 40 年，含寬限期 5 年，本息分期平均攤還或本金分期平均攤還。 | | |
| 利率計算 | | 基準利率為郵局二年期定期儲金額度未達新臺幣 500 萬元機動利率（2024 年 3 月 27 日起為 1.72%）、政府另有補貼優惠，期限至 2026 年 7 月 31 日止。 | | |
| | | 一段式機動利率 | 二段式機動利率 | 混合式固定利率 |
| | | 利率為 1.775% 起（2021/1/1 起新貸放案件，按基準利率加 0.555%）。 | 申請者前 2 年利率為 1.565%（按基準利率加 0.345%），第 3 年起利率為 1.865%（按基準利率加 0.645%）。 | 前 2 年採固定利率，第 1 年利率為 1.745%（按「撥貸當時」基準利率加 0.525%），第 2 年利率為 1.845%（按「撥貸當時」基準利率加 0.625%），第 3 年起利率為 1.865%（按基準利率加 0.645%）。 |
| 限制條件 | 限貸一次 | 2023 年 8 月 1 日以後經銀行核貸本優惠貸款者，自 2024 年 6 月 27 日起，不得再次申貸。曾於農業金融機構核貸農安貸款者，自 2024 年 8 月 13 日起不得申貸本貸款。 | | |

註：資料核對時間為 2024 年 12 月，資料來源：財政部國庫署。

## 自購住宅貸款利息補貼

政府住宅補貼除了「新青安」優惠房貸，還包含其他類型的補貼。例如自購住宅貸款利息補貼，就是針對一定所得及財產以下家庭或個人，補貼其自購住宅之貸款利息。更棒的是，只要符合申請資格，兩種優惠還可以搭配使用。以新北市為例，申請自購住宅貸款利息補貼搭配「新青安」的優惠房貸金額最高可達 1230 萬元。

想申請本項補貼，除了需符合年齡及持有自用住宅等限制，還必須同時符合家庭及個人所得、動產及不動產限額等條件。比方說，以臺北市為例，依據 2024 年度的規定，你必須符合以下標準才具備申請資格：

| 戶籍地 | 家庭年所得 | 每人每月平均所得 | 家庭動產限額 | 家庭不動產限額 |
|---|---|---|---|---|
| 臺北市 | 低於 164 萬元 | 低於 6 萬 8772 元 | 低於 715 萬元 | 低於 940 萬元 |

另外，自購住宅貸款利息補貼屬於每年申請，但即使符合資格，由於名額有限，將以弱勢民眾優先，未必所有人都能申請到。申請受理時間通常是在每年度 8 月底以前，未來記得留意時間喔！

## 自購住宅貸款利息補貼之懶人包

| | | |
|---|---|---|
| **貸款對象** | 設籍及年齡限制 | 中華民國國民在國內設有戶籍，且符合下列年齡限制之一：<br>①已成年。<br>②未成年已結婚。<br>③未成年，已於安置教養機構或寄養家庭結束安置無法返家。 |
| | 住宅持有狀況 | 家庭成員符合下列一項即可：<br>①家庭成員均無自有住宅。或②申請人持有、其配偶持有或其與配偶、同戶籍直系親屬、配偶戶籍內直系親屬共同持有之二年內自購住宅並已辦理貸款，且其家庭成員均無其他自有住宅。 |
| | 未接受其他補貼 | 申請時，家庭成員均未接受政府其他住宅補貼；或家庭成員正接受政府租金補貼、為社會住宅或政府興辦之出租住宅承租戶，該家庭成員應簽切結表明取得自購住宅貸款利息補貼或租金補貼資格之日起，自願放棄原租金補貼、承租社會住宅或政府興辦之出租住宅。 |
| | 所得及財產限制 | 家庭年所得及財產應符合一定所得及財產標準。 |
| **貸款條件** | 貸款額度 | 臺北市最高 250 萬元、新北市最高 230 萬元、其餘直轄市、縣（市）最高 210 萬元。 |
| | 利息補貼年限 | 最長 20 年，含付息不還本金之寬限期最長 5 年。 |
| **利率計算** | 第一類族群（弱勢） | 1.187%，2026 年 7 月 31 日前增加補貼 1 碼，為 0.937%（按郵局二年期存款額度未達新臺幣 500 萬元定期儲金機動利率減 0.533% 機動調整）。 |
| | 第二類族群（一般） | 1.762%，2026 年 7 月 31 日前增加補貼 1 碼，為 1.512%（按郵局二年期存款額度未達新臺幣 500 萬元定期儲金機動利率加 0.042% 機動調整）。 |

註：依 2024 年度補貼內容，資料來源內政部不動產資訊平台。

## 🏠 比利率更重要的，是房貸的真實成本

一般人選擇房貸，為了節省貸款利息，通常會選利率最低的方案。但這樣的思維，其實不一定正確。首先，市面上很多房貸方案為二段式利率，優惠期間用超低利率吸引你，期滿之後就回調，甚至調到比正常利率還高，導致整體利息平均起來並沒有比較划算。

此外，銀行在辦理房屋貸款時，除了收取貸款利息，還會有許多額外的費用產生，例如：開辦費、手續費、徵信費、鑑價費等，每一家銀行的名稱可能不同，但都是你要實際買單的支出，單看房貸利率也無法判斷這些費用的高低。

真正的內行人在選擇房貸時，懂得看另一個指標，以涵蓋利率與所有的實質貸款成本，也就是「總費用年百分率」（簡稱APR），不管利率分幾段、附加費用多少都一併考量在內，可以反應出房貸的真實成本。

因此，在選擇房貸時，除了看利率的高低，總費用年百分率也很重要。詢問房貸條件時，記得要問問房貸專員「總費用年百分率」到底多少？包含哪些費用項目？也可利用銀行網頁試算工具，填入貸款條件後，自行試算「總費用年百分率」。透過綜合比較，就可以快速判斷自己該選擇哪一家銀行的房貸了。

**我的貸款金額超出新青安的 1000 萬怎麼辦？**

由於新青安有 1000 萬貸款額度上限，在現今房價高漲的情況下，除申辦新青安外，往往必須搭配同家銀行的一般房貸方案，始能符合貸款需求。在衡量不同銀行的房貸方案時，除了新青安貸款的貸款年數、寬限期等條件，另外搭配的一般房貸條件更是比較的一大重點。選擇時，可依據利率高低、是否有額外寬限期、是否需申辦房貸壽險才有利率優惠以及整體開辦費的高低為比較基準。

此外，雖然民營銀行無法申辦新青安，但由於其無單筆貸款額度限制，可申請一筆房貸即可符合需求。而新青安利息補貼於 2026 年 7 月到期，期滿後一段式利率可能比民營銀行之首購利率還高，新青安之利息補貼優勢，將隨著利息補貼截止日逐漸接近而慢慢消失。因此，建議大家也可將民營銀行的首購優惠貸款，做為比較方案之一。

## 🏠 房貸並非零成本，量力而為最重要

　　房貸是實現購屋夢想的工具，但畢竟是一種長期負債，如果沒有做好規劃，也可能帶來沉重的經濟負擔。透過房貸的槓桿效益，能讓你用相對少的資金，買到心儀的房子，但過度借貸也會增加你的經濟壓力。申請房貸前，必須妥善評估自身財務狀況，了解自己的收入、支出、負債比。在選擇房貸時，仔細比較各家銀行的方案。

　　另外，新青安貸款利息補貼政策將於 2026 年 7 月到期，我們無法確定未來政府是否會比照原有條件，提出新的優惠貸款補貼方案。因此，建議於購屋評估時，先以一般利率條件試算，而非直接參考新青安貸款最優利率。如此一來，便能保留買房時之財務餘裕，以免實際申請房貸時，因利率條件不如預期而造成資金上的負擔。

# 最常被忽略的隱形成本，怎麼計算買房稅費？

　　面對買房，許多人以為只要準備好房子的頭期款，再申請房貸就萬事俱備了。其實不然，買房支出除了房價，還包含仲介費、代書費、裝潢、家具、家電費用及稅費等隱形成本，如果不事先估算，很容易導致預算超支或不足的情況。在本節，我們將介紹買賣房屋的各類稅費，其餘成本之估算方式，則將於〈3-1〉再進一步說明。

　　依據稅法規定及交易習慣，在買賣房屋過程中，買方需繳納的是「印花稅」、「契稅」，以及交屋日後，按持有時間比例分算的「地價稅」及「房屋稅」。

　　賣方在交易過程中，除應負擔交屋日前之「地價稅」及「房屋稅」外，需繳納的是「土地增值稅」、及「房地合一稅」（新制）或「財產交易所得稅」（舊制）。為大家整理如下頁圖表。

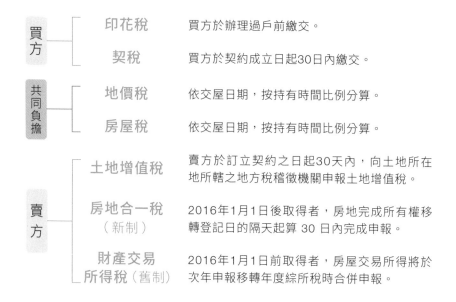

**房屋買賣要繳哪些稅？**

| | | |
|---|---|---|
| 買方 | 印花稅 | 買方於辦理過戶前繳交。 |
| | 契稅 | 買方於契約成立日起30日內繳交。 |
| 共同負擔 | 地價稅 | 依交屋日期，按持有時間比例分算。 |
| | 房屋稅 | 依交屋日期，按持有時間比例分算。 |
| 賣方 | 土地增值稅 | 賣方於訂立契約之日起30天內，向土地所在地所轄之地方稅稽徵機關申報土地增值稅。 |
| | 房地合一稅（新制） | 2016年1月1日後取得者，房地完成所有權移轉登記日的隔天起算 30 日內完成申報。 |
| | 財產交易所得稅（舊制） | 2016年1月1日前取得者，房屋交易所得將於次年申報移轉年度綜所稅時合併申報。 |

## 買房時要繳哪些稅？該怎麼計算？

如前所述，買房時，買方除了印花稅、契稅，每年需定期繳納地價稅及房屋稅（雖然是持有房地產才須繳納的持有稅，但交屋以後，產權已改由買方持有）。因此，該兩項稅賦，依交易習慣，通常是以交屋日期為基準點，依持有時間比例由買方與賣方共同分擔，交屋後便改為由買方負責支付。

### 印花稅

這是一種針對法定憑證所課徵的稅賦。凡「印花稅法」規定的憑證，在國內開立者均應繳納。當你買賣房屋，簽訂了買賣契約

書之後，這份契約書就是一種法令規定的憑證，必須繳交印花稅。其原意是政府對民間開立之契約、收據等憑證，以課稅證明其合法有效的一種方式。印花稅是由買方在買賣過戶前繳納，其後始能辦理移轉登記。

它的計算方式是依申請物權登記之「所有權買賣移轉契約書」價金之 0.1% 繳納。前述向地政事務所申請物權登記的契約，通常稱為「公契」，與實際交易之房屋買賣契約不同。因此，該價金並非實際交易之房屋買賣價格，土地價格是依土地公告現值計算，房屋價格則是依房屋評定現值計算。公式如下：

$$印花稅 =（房屋評定現值＋土地公告現值）\times 0.1\%$$

## 契稅

契稅是當不動產因買賣、承典、交換、贈與、分割或因占有而取得時，應繳納的稅費。當你購入一間房子，取得了不動產所有權，就需要繳納契稅給政府。它的徵收對象包含房屋及土地，但已經開徵「土地增值稅」之土地移轉無須繳納契稅，因此，契稅通常僅對房屋課徵。契稅納稅義務人為買方，依法須於契約成立日起 30 日內繳交。

它的課稅稅基為「契價」，以當地不動產評價委員會評定之房屋評定現值為準，因此，房屋評定現值亦非實際買賣價格*。

---

＊ 如果是在依法領買、標購公產，以及向法院標購拍賣之不動產的情況下，房屋實際移轉價格低於房屋評定現值，則取其低以移轉價格為基準課徵契稅。

公式如下：

$$契稅＝核定契價（房屋評定現值）\times 6\%$$

## 地價稅

地價稅就是土地的「持有稅」，依據土地稅法規定，已規定地價之土地，除了農地外，均應課徵地價稅。換言之，只要你名下有土地，不論是否有在使用，地上有無房產，每年都需要繳納地價稅。因此，未來成為有房族的你，每年必須支付的固定成本就是「地價稅」及「房屋稅」。

地價稅繳納期間為每年 11 月，課稅計算時間範圍為每年 1 月 1 日至 12 月 31 日，政府寄發稅單是以 8 月 31 日登記的土地所有權人為納稅義務人。但實務上，買賣雙方會在買賣契約中，約定以交屋日期為準，以該年度持有時間比例分算雙方應負擔之稅額。所以，雖然還是由稅單上之納稅義務人負責繳稅，但並非由納稅義務人全額負擔。

地價稅以縣市為計算基準。稅基為土地所有權人，在每個直轄市或縣市轄區範圍內，持有土地之「申報地價」總和。稅率則以是否超過該直轄市或縣（市）之「累進起點地價」為判斷基準，未超過「累進起點地價」時，基本稅率為 10‰。若超過時，則依超過倍數以不同稅率累進課徵，最高至 55‰。因此，持有土地筆數越多、面積越大，地價稅就會越高。計算公式如下：

$$地價稅＝直轄市或該縣市申報地價總和 ×2‰$$
自用稅率

如果符合「自用住宅用地」之條件，則可適用「自用住宅用地優惠稅率 2‰」。最簡單的申請方式，是於申報「契稅」時，一併填寫「契稅申報書附聯」，即可一次完成房屋稅及地價稅優惠稅率之申請。因房屋稅及地價稅優惠稅率均須設籍，而房屋稅之開徵較早，故必須於當年 3 月 22 日以前把戶籍遷入，才能一次使用 2 種優惠稅率。買完房的你，記得要在期間內申請喔！

> **Point**
>
> **適用自用住宅用地優惠稅率 2‰ 之條件**
> ① 土地所有權人或其配偶、直系親屬於該地設有戶籍登記。
> ② 無出租、無營業之住宅用地。
> ③ 土地上的房屋為土地所有權人或其配偶、直系親屬所有。
> ④ 都市土地以約 90.75 坪為限；非都市土地以約 211.75 坪為限。
> ⑤ 土地所有權人與其配偶及未成年之受扶養親屬以 1 處為限。

### 房屋稅

房屋稅是指持有房屋者之「持有稅」，與地價稅相同，是有殼族的固定成本。只要你擁有房產，不論是自住、出租或是空屋，每年都需要繳納房屋稅。房屋稅的繳納期間為每年 5 月，課稅計算時間範圍為前一年 7 月 1 日至當年 6 月 30 日，政府寄發稅單是以 2 月底登記的房屋所有權人為納稅義務人。

它的納稅方式與地價稅相同，實務上會於契約中約定以交屋日

期為準，以持有時間比例分算雙方稅額。以稅單上之納稅義務人負責繳稅，但並非獨自負擔。房屋稅的稅基為「房屋課稅現值」，依當地不動產評價委員會訂定之標準評定。其高低將受到房屋建材、用途、樓高、折舊、屋齡以及房屋所在之地段決定。因此若建材越好、屋齡越新、地段越好，「房屋課稅現值」將越高，要繳交之「房屋稅」自然也越高。其計算公式如下：

$$房屋稅＝（房屋課稅現值）×1.2\%$$

自用稅率

房屋稅的稅率主要依「用途」為判斷基準，「自住住家用稅率」只要 1.2%，「其他住家用」稅率將高達 1.5%~3.6%。如果在全國僅持有一間自住房屋，且房屋現值在一定金額（按各縣市規定）以下，若符合供本人、配偶或直系親屬實際居住並辦竣戶籍登記、無出租或供營業情形規定之要件，則可適用「全國單一自住優惠稅率 1%」來課徵房屋稅。

Point

**適用自住住家用稅率 1.2% 之條件**

① 房屋無出租或供營業情形。

② 供本人、配偶或直系親屬實際居住使用，且應於該屋辦竣戶籍登記。

③ 本人、配偶及未成年子女全國合計 3 戶以內。

## 🏠 等到有天打算賣房時，要繳哪些稅？

賣方賣房時，除比例分攤交屋日前之「地價稅」及「房屋稅」外，由於稅法相關規定的修正，個人賣房繳稅依房屋取得時間，區分為新制及舊制。舊制繳交「土地增值稅」及「財產交易所得稅」；新制繳交「土地增值稅」及「房地合一稅」。地價稅及房屋稅不再贅述，其餘兩者將為大家進一步說明。

### 土地增值稅

土地增值稅是針對持有土地者，在移轉時針對地價自然增值所課徵的稅。其原意是土地之自然增值是來自於社會進步，並非當事人之努力所獲得，因此必須漲價歸公、地利共享。土地增值稅之納稅義務人，依移轉方式而不同，若為買賣之有償移轉，由賣方繳納。若為繼承或是贈與等無償移轉，則由取得土地者繳納。

它的稅基是「土地漲價總數額」，其計算方式是以本次申報移轉現值，扣除前次以物價指數調整之移轉現值，再扣除不應算在自然增值之改良土地、工程受益費等費用。其稅率是依據「漲價倍數」為判斷基準，稅率分為 20%、30%、40%。倍數越高，稅率越高，但長期持有則可減徵。整體計算公式如下：

$$土地增值稅＝土地漲價總數額 \times \underset{\text{自用稅率}}{10\%} － 累進差額$$

而且若符合「自用住宅用地」資格，則可適用優惠稅率 10%，其適用條件分為兩種。

一生一次「自用住宅用地」優惠稅率

（一人一生僅能適用 1 次）

① 出售前1年內，未曾供營業或出租之住宅用地。
② 房屋為土地所有權人、配偶或直系親屬所有，並設有戶籍。
③ 面積限制：都市土地約 90.75坪，非都市土地約 211.75坪。
④ 一人一生使用1次為限。
⑤ 如自用住宅建築完成未滿1年，房屋評定現值須達房屋基地公
　告現值10%以上。

一生一屋「自用住宅用地」優惠稅率

（出售時僅一屋，適用次數無限制）

① 先前已使用過「一生一次」優惠稅率。
② 面積限制：都市土地約45.375坪，非都市土地約105.875坪。
③ 土地所有權人與配偶及未成年子女出售時僅有一屋，無該自用
　住宅以外之房屋。
④ 出售前持有該土地6年以上、土地所有權人或其配偶、未成年
　子女於出售土地前在該地設有戶籍連續滿6年，且持有該自用
　住宅連續滿6年。
⑤ 出售前5年內無供營業使用或出租。

## 房地合一稅（新制）

　　賣房所產生之所得，必須繳交所得稅。依照稅制，2016 年 1
月 1 日前買房者，賣房時屬於舊制，土地漲價應繳「土地增值
稅」，出售房屋交易所得，上繳「財產交易所得稅」；而 2016 年
1 月 1 日後買房者，出售時適用新制，除仍需繳交「土地增值稅」

外，將土地及房屋的交易所得合併課稅，繳交「房地合一稅」。

　　房地合一稅的稅基是房地產交易之「課稅所得」，其計算方式是以交易時之實際成交價格，扣除原始取得成本（原始買價），再扣除因取得、改良及移轉所支付之費用（如契稅、印花稅、代書費、仲介費、裝潢費等），以及土地漲價總數額。由於列舉費用都要提供證明，所以當你買完房之後，記得購屋合約及費用收據及發票一定要收好，未來賣房時可以幫你節稅喔！

　　而房地合一稅之稅率，是依持有時間長短區分。稅率分為 4 級，分別為：45%、35%、20%、15%。持有時間越長，稅率越低。符合以下自住優惠條件者，課稅所得 400 萬元以內免納所得稅，超過部分按自用最低稅率 10% 課徵。整體公式如下：

$$房地合一稅 = 課稅所得 \times 10\%$$
自用稅率

**Point**
**適用房地合一稅之自住優惠條件**
① 個人或其配偶、未成年子女設有戶籍、持有並且居住於該房屋連續滿 6 年。
② 交易前 6 年內，無出租、供營業或執行業務使用。
③ 個人與其配偶及未成年子女於交易前 6 年內未曾適用本項優惠規定。

## 財產交易所得稅（舊制）

　　2016 年 1 月 1 日前買房者，出售房屋交易所得，依舊制繳「財產交易所得稅」。歸屬於房屋的財產交易所得，將於次年申報移

轉年度綜所稅時合併申報。當屋主沒有主動申報房屋交易所得或原始取得成本，政府也無法查證時，課稅所得將依據成交價是否超過「一定金額門檻」（俗稱豪宅線），採不同方式推算。

豪宅線之金額係依縣市區分，依財政部「112年度個人出售房屋之財產交易所得計算規定」，臺北市6000萬，新北市4000萬，桃園市、新竹縣市、臺中市、臺南市及高雄市3000萬，其他縣市2000萬。當房價超過豪宅線，用交易實價或評定現值為基準，對於所得稅的影響差距相當大，請大家務必留意。

▪ 成交價超過豪宅線→ **按交易實價課稅**

課稅所得是用「交易實價」乘「房屋評定現值」占「公告土地現值」及「房屋評定現值」總額之比例，再乘17%來推算歸屬於建物的收入。也就是用「交易實價」來計算。公式如下：

$$課稅所得＝\frac{交易實價 \times 房屋評定現值}{（公告土地現值＋房屋評定現值）} \times 17\%$$

▪ 成交價低於豪宅線→ **按評定現值課稅**

而此時的課稅所得則是用「房屋評定現值」乘「政府給定區域比例」來推算歸屬於建物的收入。政府給定比例，各縣市及行政區均不同，以新北市為例，各行政區從14%~41%不等。簡單來說，就是用「評定現值」來計算房屋課稅所得。公式如下：

$$課稅所得＝房屋評定現值 \times 政府給定區域比例$$

## ⌂ 善用自住優惠，為你節省大量稅金

　　了解房地產交易的稅務知識，不僅能幫助你精準估算購屋成本，也能保障你的權益，避免不必要的交易糾紛。以土地增值稅為例，納稅義務人為賣方，但有些人會約定以賣清方式成交，希望相關稅捐轉由買方負擔。若買方不了解，卻又事後反悔，即可能因稅務分攤爭議，影響整體交易，導致交易延宕，甚至破局。

　　了解稅務的另一個重點，在於政府為了鼓勵民眾買房自住，不論是房屋稅及地價稅等持有稅，或是土地增值稅或房地合一稅等移轉稅，均提供自住優惠稅率。而房地合一稅的免稅額甚至高達400萬，也就是說，只要你符合自住的相關規定，並依期限主動申請，就能合法享有稅務優惠，省下一筆可觀的費用。

# 買預售屋的眉角，看樣品屋與家配圖的技巧大公開

　　買預售屋最大的風險，就是無法在簽約購買前，親眼看到房屋完工後的實際狀況。你只能依據銷售時提供的書面資料和接待中心的樣品屋去想像，並相信建商將會蓋出如同代銷所說的完美房子。然而，為了避免遇到最後的興建成果不如預期的情況，學會看懂銷售過程中提供的資訊是非常重要的。

　　接下來將要介紹的就是預售屋的交易流程，以及如何看懂「樣品屋」及「家配圖」。樣品屋是建商精心打造的展示空間，我們可以透過它，對未來的家擁有初步的認識。而藉由家配圖，可提前規劃家具的擺放位置，確保家具尺寸與空間大小相符，圖面也會標示出收納櫃、衣櫃等的位置和大小，讓我們事先評估收納空間是否足夠。那麼，先來了解買賣過程要注意的細節吧！

## 🏠 預售屋買賣流程重點

　　預售屋的買賣流程與中古屋有些不同，相對於中古屋，預售屋的買賣流程較為制式，契約內容也有官方版本可依循，故流程較為單純。除了介紹流程，我也會提醒你在過程中應留意的重點。

## Step 1. 付訂金、簽約、開工款

在看過建案後，若決定購買，通常會先支付一筆訂金，表示購買意願。其金額可能為定額（通常是 10 萬以上）或總價的一定比例，並有至少 5 天的合約審閱期，在合約審閱期內反悔，訂金可全數取回。當合約內容無疑義，確認正式簽約後，支付簽約金。等建案開工之後，再支付開工款（訂金、簽約金及開工款，約為房屋總價的 10%~15%）。

此外，為了避免建商蓋到一半就跑路，無法履行合約，政府規定預售屋合約必須納入「履約保證」機制。因此，在審閱合約時有個重點，就是確認履約保證的執行方式。現行的履約保證共有 5 種做法，對消費者最有保障的是「價金返還保證」，建案如果無法完工，將保障消費者可取回價金，而且建商在建案交屋前完全無法動用資金。但如此一來就失去建商興建預售屋的目的，所以幾乎沒有建商會採用。保證較有限的則是「同業連帶擔保」及「公會連帶保證」，但這些不僅沒有專款專用，若不幸無法完工也無法取回價金。

而一般最常見的「履約保證」方式是「不動產開發信託」與「價金信託」，是由建商和銀行或信託機構簽訂信託契約，雖然未完工不能取回價金，但至少做到專款專用，依工程進度請款，做到基本的保障。

## Step 2. 繳納工程款

在施工期間，會根據工程進度分期支付工程款。為了降低負擔，有些建案會提供「工程期零付款」方案，等到房屋結構完成

取得使照時再一次付清工程款。工程款約占總價 10%~15%。另在完稅過戶前須支付一筆「暫收款」，作為支付後續稅費、代書費、規費及管理費使用，通常併同最後一期工程款支付。在興建期間，多數建商會讓客戶依照指定時程申請「客變」，可依照自己的實際需求去變更房屋的格局或建材設備。

## Step 3. 貸款對保

當建商取得建案之使用執照後，會通知客戶向銀行申請貸款，確認貸款條件，辦理後續對保等申貸流程，並簽立「撥款同意書」，授權銀行於過戶後撥款給建商。若有委託外部驗屋公司驗屋，於對保時可進行房屋的初驗，並排定後續的複驗時間，以使銀行撥款能盡量與驗屋流程相互配合。

## Step 4. 完稅過戶

辦理完稅務流程，買方繳交契稅及印花稅，建商繳交土地增值稅。地價稅及房屋稅，則依交屋日為基準，交屋日前由建商負擔，交屋日後由買方負擔。過戶前進行複驗，若未通過依合約內容可保留 5% 交屋保留款，並依此與建商洽談後續改善事宜。過戶後，銀行將撥款給建商，整體時程應於取得使用執照後 4 個月內完成過戶。

## Step 5. 交屋

交屋前進行最後複驗，確認所有問題都已改善後完成交屋，並支付最後尾款。

**預售屋買賣流程**

**訂簽開工**
- 支付訂金
- 合約審閱期至少5天
- 簽約支付簽約金
- 開工支付開工款
- 訂金、簽約金、開工款合計約10%~15%

**繳工程款**
- 依工程進度支付工程款約10%~15%
- 支付暫收款
- 工程興建中，依建商指定時程申請客變

**貸款對保**
- 建案取得使用執照
- 向銀行申請貸款，辦理對保等申貸流程
- 簽立「撥款同意書」
- 驗屋進行初驗

**完稅過戶**
- 買方繳交契稅、印花稅
- 建商繳交土地增值稅
- 取得使照後需於4個月內完成過戶
- 過戶前進行複驗，若未通過可保留5%交屋保留款

**交屋**
- 完成最後複驗交屋
- 支付尾款

##  樣品屋要怎麼看？掌握最重要的三點

樣品屋是建商為了銷售、創造出的模擬空間，透過精美的裝潢和家具擺設，讓消費者對未來的新家產生想像。它也是「平面圖」及「家配圖」的立體呈現，可以幫助我們驗證圖面上的尺寸、

格局是否符合實際需求。然而，樣品屋並非真實的住家，它難免會有與實體成屋之間的差異，因此在參觀時必須仔細觀察以下重點，才能避開誤區。

## 尺寸很重要：空間放大的視覺魔術

為了讓空間看起來更寬敞，樣品屋的家具尺寸以及室內格局可能會暗藏一些玄機。比方說，家具尺寸可能會比標準尺寸小，這會讓你以為自己在一般賣場購買的家具也能輕鬆擺放，但如果不是特別訂製的尺寸，交屋後的實體成屋或許會出現空間不足的問題。建議參觀樣品屋時，可考慮攜帶工具來實際測量家具尺寸，以了解它們與標準家具尺寸是否有差異。

而為了讓室內空間看起來更寬敞，樣品屋的樓層高度可能較實際更高，或牆面厚度比實際更薄，甚至改以其他材質設置隔間牆，創造出空間寬闊的假象。至於妨礙空間使用效率的樑與柱，現場也可能以裝潢設計之方式來隱藏，甚至完全忽略建築設計原有之規劃，直接不設置樑柱。因此，我們必須仔細比對平面圖及家配圖，才能確認未來真實的室內格局狀況。

## 同等級可能差很大：展示品與實品的差異

樣品屋的建材設備可能會選用較高級的材質，以提升整體質感。然而，實際交屋的建材卻可能有所差異，不見得會如同展示品一樣精緻，交屋後將影響房屋的耐用性和美觀度。如果你對建材品質要求較高，建議仔細查看建材設備表中的規格，並詳細比對樣品屋的配置。再與建商確認若不一致，應改用「同等級」之產品，以免交屋後產生爭議。

### 座向與景觀無法複製：樣品屋的設計侷限

樣品屋通常位於接待中心內，無法完全複製未來完工後之成屋周邊環境。因此，其方位座向與景觀視野可能與你購買的房屋有所差異。未來實際入住後，無論採光或是景觀都將與樣品屋中看到的不同，例如視野被其他建物遮擋、噪音等。建議仍需實際前往建案現場觀察周邊環境，了解房屋的座向、通風採光及周邊設施等狀況。

## 🏠 格局有瑕疵？看完家配圖你就懂

家配圖就是房屋的「家具配置圖」，它會清楚標示出每個房間的內部格局以及家具規劃擺放的位置。對於購買預售屋的民眾來說，家配圖就像是我們未來新家的藍圖，透過仔細分析圖面中各項家具的配置，可以更深入地了解完工後的房屋是否符合我們的居住需求。

家配圖中會以各式符號代表不同的空間元素，例如隔間牆、門、窗戶、櫃體等。透過這些標示，我們可以快速掌握整個空間的配置。有些格局上的瑕疵，例如樑柱位置、門窗大小等，也應該提前留意。以下圖為例，我們先教你怎麼辨識家配圖中的各種符號。

①管道間：實心牆面中出現大叉符號，即為管道間，是容納大樓各類水電管路的通道。

②牆面：實心粗線條為牆面。又可分為剪力牆、承重牆、隔間

牆等，需評估安全始可拆除。

③柱：大面積實心色塊為柱。柱與柱間必以樑連接。柱體位於
　　房屋外部，較節省室內空間。

④窗：在牆心繪出數條線象徵窗戶玻璃，若為可外推之窗戶，
　　則以弧形表示。

⑤門：以 1/4 圓弧形表示，象徵為推門形式。

⑥櫃體：長方形內部若有象徵衣架的數排斜線，代表衣櫃。若
　　為大叉符號則為置物櫃。

　　看懂家配圖上的各自符號所代表的意義之後，要如何從這張圖中看出端倪，做出最適合自己的選擇呢？以下為大家說明看家配圖時，需要注意的幾個重點：

## 格局是否方正

　　選房最基礎的是判斷空間的可利用程度。方正的格局，通常空間比較好規劃，家具擺放也更靈活，能最大化地利用空間。近年來由於房價高漲，建商為了將戶數最大化，推出了許多手槍型或是狹長型格局的房屋，由於格局限制，往往會產生不少畸零空間，例如玄關或走道過長、角落難以利用等，導致空間利用率降低。內側房間採光和通風也較差，容易產生陰暗潮濕的問題。

## 採光通風是否良好

　　充足的採光和通風是選房的另一個重點。多面採光的房型，自然優於單面採光。以內部格局來看，客廳及臥室的原則是「明廳暗房」，由於客廳是活動的主要空間，需要充足的採光；提供休閒睡眠的臥室則需要較安靜、昏暗的環境。而廁所則首重應有對外窗，若廁所沒有開窗，導致通風採光不良、濕氣難以排出，就容易潮濕發霉。

## 樑柱是否影響空間使用

　　再來是要確認樑柱的影響。樑柱的存在會對室內裝潢造成一定的限制，如果沒有妥善處理，可能會影響整體的美觀。在風水上，壓樑也被認為是負面的，可能會對居住的人帶來心理壓力。而當柱子規劃在房屋外部，可以增加室內的使用面積，讓室內空

間更加方正，這也是較佳的建築設計。

## 🏠 各項細節要注意，確認尺寸才安心

在銷售中心看屋時，除了應該仔細觀察樣品屋的現場實況，也必須確實核對建商提供的平面圖及家配圖等各項建築圖面資料；看樣品屋時，應多留意比例尺寸及建材等級，以免被現場狀況誤導。而判斷家配圖的重點，則是可從圖面了解整體格局的優劣，包含通風採光以及樑柱的位置，這些都可能比美化過的樣品屋更為精確。

除了確認房屋本身之購買條件外，也別忘了核對其他交易相關事項，比方說，可詢問建商是否有配合銀行，若有，其所提供之整批房貸方案，通常在估價結果及利率貸款條件上較為優惠。再來，若有購買車位之需求，也可詢問是否可優先挑選車位之樓層與位置，或有其他的購買規則。

2-6

# 買中古屋時如何下斡旋？
# 貸款成數不足怎麼辦？

購買中古屋時，雖然屋況可當場確認，價格也較預售屋更為親民，但仍有些眉角是購買時不可忽視的。除先前章節所提到的，購買中古屋的財務付款壓力較大、格局無法像預售屋先行客變、屋況較為老舊導致必須付出更多的裝修成本之外，由於中古屋之交易流程與預售屋不同，也有許多的細節需要留意。

比方說，出價時可選擇「斡旋金」或「要約書」，兩者有何差異？而2024年下半年因銀行辦理住宅建築及企業建築放款總額，已接近銀行法第72-2條之放款水位上限，導致貸款出現困難。如果在買房時，因為前述狀況導致貸款成數不足，又該怎麼保障自己的權利呢？

## 魔鬼藏在細節裡：
## 中古屋買賣流程及注意事項

購買房屋的交易流程看似複雜，但其實流程是固定的。每階段都有需要注意的事項，例如簽約時要仔細閱讀契約，交屋時要仔細檢查房屋狀況，這些都是確保交易順利的關鍵。而代書和仲介

通常會扮演提醒的角色，提醒你在每個階段該做些什麼，包含提供哪些文件、繳交哪些費用等等。只要你依序完成以下流程，就能順利交屋。

## Step 1. 簽約

當買方找到心儀的房屋，向屋主出價時，會下一筆「斡旋金」或出具「要約書」，以展現誠意。由於具備法律效力，賣方可確保買方不會任意反悔，才會有意願進行後續的議價談判（斡旋金或要約書兩者有不同法律效果，P.102會再進一步解釋）。

經歷議價階段，買賣雙方對於價格達成共識，雙方會在代書的見證下正式簽約。為保障交易安全，通常也會一併簽立履約保證，以專戶控管相關資金。契約書將詳細列明房屋之交易內容、價格、履約保證、付款方式、貸款約定、稅費負擔、交屋日期等重要資訊，每項都攸關你的權益。想買房的人，記得一定要詳細閱讀契約，並且務必比對當天申請的土地及建物謄本，來確保產權有無發生臨時遭查封等變動。

需要留意的是，契約各項內容可依雙方合意進行調整。故若有想要爭取的事項，務必以特約條款加註於契約中。例如，土地增值稅依法原應由賣方負擔，但若雙方約定由買方繳納土地增值稅，只要在契約書上載明，約定土地增值稅由買方負擔即可。

對買方來說的重點則是2024年下半年因銀行放款吃緊，買方可能發生房貸成數不足，無法完成交易進而面臨毀約賠償之窘境。因此，買方可爭取於契約中加註「貸款成數不足可無條件解約」之特約條款（針對貸款不足解約之特約條款寫法，後面再為

大家詳細說明）。

　　簽約時，買方需要支付總價 5%~10% 的簽約金。通常簽約當場僅需支付部分現金，其餘以開立本票方式提供擔保，並於數日內以匯款方式補足差額後取回本票。若先前有付「斡旋金」，則雙方達成價格共識後，斡旋金將轉為「定金」，其後計入買賣價金之一部分。因此買方屆時僅需考慮已支付之總款項，補足應付之簽約金總額進入履約保證帳戶即可。

## Step 2. 用印

　　簽約後，代書會準備後續交易流程所需之相關文件，供買賣雙方確認內容並進行用印。文件包括契稅申報書、土地增值稅申報書、所有權買賣移轉契約書（公契）、土地登記申請書等。為加速流程，實務上也常於簽約時一併完成文件用印。於此階段，買方需要支付總價 5%~10% 用印款，亦可約定合併於完稅階段一併支付。

　　在用印階段，另一個重點是，買方必須開始尋找房貸銀行。可先比較各家銀行條件，選擇一家適合自己的。其後準備身分資料、收入證明等相關文件向銀行提出房貸申請。銀行在鑑價並確認核貸後，就可辦理後續的對保、設定抵押權及撥款流程。

## Step 3. 完稅

　　用印完成後，代書會向主管機關申報契稅及土地增值稅，當稅單核發後，即會通知買賣雙方繳納相關稅費。買方繳交契稅及印花稅，並確認銀行貸款核准金額。賣方繳交土地增值稅，並確認

有無欠繳之地價稅及房屋稅，還需依不同法令規定期限，另行申報財產交易所得稅（舊制）或房地合一稅（新制）。於此階段，買方需要支付總價 10% 作為完稅款。為了保障賣方，買方通常會簽立與購屋剩餘尾款金額相同之本票作為擔保，於尾款交付、交屋完成後始返還買方。

## Step 4. 過戶

將相關稅費繳清後，代書會協助辦理產權移轉登記，將房屋所有權正式過戶至買方名下。過戶完成後，若原屋主無貸款，則可直接開始辦理交屋程序。若原屋主有貸款，則須先進行貸款代償及抵押權塗銷，始可辦理後續交屋。

## Step 5. 交屋

過戶後，會先進行房屋及相關文件點交，以及管理費、水電費等費用分算與結清，完成後，才會交付尾款，將貸款匯入履約保證專戶，即可取得房屋鑰匙，正式入住新家。

點交是房屋交易的最後一哩路，也是非常重要的環節。為了確保你的權益，在交屋前務必仔細進行點交，謹慎檢查屋況，確認是否與買賣契約及不動產說明書所記載的內容相符，避免日後產生糾紛。

房屋點交可採「自行點交」或「委託外部驗屋業者」辦理等方式。若自行點交，記得攜帶契約書、不動產說明書等相關文件，並準備手電筒、捲尺等工具，仔細檢測房屋的各個角落，將發現的問題詳細記錄下來，並以手機拍照存證。最好可以找專業人士

或信任的親友陪同，共同進行點交。以下為大家整理了點交時需要留意的重點，可依照清單內容一一核對：

| 項目 | 說明 | 確認後勾選 |
|---|---|---|
| **房屋結構** | | |
| 牆壁 | 檢查牆面是否有滲漏水、壁癌或裂痕。若裂痕呈 X 型代表結構可能已受損。 | |
| 天花板 | 檢查天花板是否有滲漏水、裂痕等狀況。若天花板鋼筋外露，則可能為海砂屋。 | |
| 地板 | 可利用彈珠滾動，確認地板是否平整。以錢幣敲擊地面磁磚，由聲音判斷是否空洞。 | |
| 門窗 | 檢查門窗開關是否正常、窗框周圍是否有裂縫。 | |
| **水電設備** | | |
| 水龍頭 | 檢查水龍頭水壓是否穩定、末端連接處是否有漏水。 | |
| 馬桶 | 檢查是否堵塞、沖水是否順暢、底座是否有漏水情形。 | |
| 電力設備 | 檢查電燈使用是否正常、開關及插座是否損壞、電箱總開關是否可正常操作。 | |
| **管線設備** | | |
| 水管 | 檢查水管是否暢通、是否有漏水或堵塞的情形。 | |
| 瓦斯管線 | 檢查管線是否漏氣，例如接管處可利用塗抹泡泡水方式進行測試，或瓦斯表關閉器具後是否仍會轉動。 | |
| 空調 | 若有附贈空調設備，記得檢查設備是否能正常運轉，冷暖除溼等功能是否正常。 | |
| **附屬設施** | | |
| 廚具 | 若有附贈廚具，要檢查瓦斯爐、抽油煙機等各項廚具是否可正常操作。 | |
| 衛浴設備 | 檢查各項衛浴設備是否齊備，功能是否正常。 | |
| 其他設備 | 檢查對講機、煙霧偵測器等其他附屬設施能否正常運作。 | |

## 中古屋買賣流程

**簽約**
- 確認契約內容
- 加註特約條款
- 支付5%~10%簽約金

**用印**
- 完稅過戶文件用印
- 開始找尋房貸銀行
- 支付5%~10%用印款

**完稅**
- 買方繳交契稅、印花稅
- 賣方繳交土地增值稅，並確認有無欠繳之其他稅款
- 確認房貸核准內容
- 支付10%完稅款

**過戶**
- 辦理所有權移轉登記
- 辦理抵押權登記
- 代償原屋主貸款，並塗銷原抵押權

**交屋**
- 點交房屋及相關文件
- 管理費等費用找補
- 支付尾款

## 🏠 法律代價大不同：斡旋金與要約書

　　當你看中了喜歡的房子，也評估過周邊的實價登錄行情，以及可能的銀行貸款額度，準備向屋主出價。通常此時，仲介會請你拿出一筆「斡旋金」，或者簽一份「要約書」，來表達你的購屋意願。這兩者的實際差別為何呢？

### 斡旋金

斡旋金顧名思義，就是出價時必須提供一筆現金做為保證，藉此展現買方的購屋誠意。當斡旋失敗交易不成立，斡旋金應無息全額返還買方。但當賣方同意買方出價，斡旋金則會轉為定金，並適用民法第 249 條規定。之後若買方違約，因先前支付之斡旋金已轉為定金，賣方可全額沒收。反之，若賣方違約，賣方應加倍返還其金額給買方。

### 要約書

要約書則無須拿出任何款項，僅提出關於承購價款、付款條件及其他要約條件之書面。當賣方同意買方出價，雙方達成價格共識，之後不論是買方或賣方違約，都必須賠償交易總價一定比例（通常為 3%）的違約金給對方。

以上兩者之法律效力相同，但就違約代價來看，選擇要約書的事後違約罰則較重。因此，雖然以要約書出價議價，無須事先拿出現金，但相對違約之代價也較高，未必是最划算的選擇。

## 貸款不足怎麼辦？如何撰寫契約特約條款

在 2024 年下半年，由於銀行放款總額，已接近水位上限，加上央行於 9 月的第 7 波選擇性信用管制，再次限縮貸款成數。消費者在買房時，可能會遭遇貸款不易及成數不足的問題。

如果遇到此種狀況，在買賣契約中，未加註「貸款成數不足可

無條件解約」之特約條款，就算房貸不足額，買方還是必須依契約付款期限，自行以現金補足貸款差額，否則將變成違約。不僅沒買到房子，已支付之斡旋金等款項還可能會被沒收。

但在法律實務上，如果只是在契約中簡單加註「貸款成數不足可無條件解約」等文字，經常因為文字定義不明確，導致法律爭議的發生。針對此類特約條款之寫法，有以下幾個重點：

- 必須敘明貸款種類為「房屋貸款」，否則賣方可能主張信貸等其他類型貸款也是貸款之一種，可利用其他貸款補足房貸成數之不足，以致買方無法解約。
- 於貸款成數之基準，也必須寫清楚是「成交價」或「銀行鑑價」，以免解釋上造成爭議。
- 由於各家銀行之放款標準不同，最好能於文字中寫明一家或數家特定銀行，在定義上較為明確。

考慮前述原則後，針對貸款不足無條件解約之特約條款，可參考類似以下之寫法，並依實際交易情況再行修正：「若買方向○○銀行申請房屋貸款成數不足本契約成交價○成時，買賣雙方同意無條件解除本契約。」

## 善用法律知識來保障自身權益

了解中古屋買房交易流程，不僅能幫助你順利完成交易，還能保障你的權益。如果清楚知道每個階段的重點，就能減少因資訊不對稱而產生的糾紛。各交易階段都有其需要注意的事項，你必須因應時程，事先準備好資金或是相關文件，在每個階段為自己

爭取最有利的條件。

以簽約階段為例，最重要的是合約內容的擬定。2024下半年起，由於央行政策的影響，大家購屋時最擔心的是貸款成數不足問題。但如同先前所述，只要在合約中加註「貸款成數不足可解約」的條款即可，買方不必硬著頭皮以現金補足差額買下房屋，也可避免違約的困擾。畢竟「法律是保障懂法律的人」，大家務必要妥善利用。

Point
**買中古屋時，應該向房仲確認哪些事？**

關於中古屋的貸款條件，部分大型房仲有經常搭配之貸款銀行與長期合作的代書，並提供成交客戶專屬的房貸優惠方案，記得於買房時一併詢問。此外，也可與房仲多多閒聊，以便了解前屋主之背景、賣房原因等，不過房仲未必會誠實以告，僅可作為參考資訊之一。

# 房貸寬限期該怎麼用最有利？

　　你知道嗎？買房在申請房屋貸款時，選擇哪一種條件，可以讓你剛開始付貸款時，把財務壓力降到最低嗎？答案就是申請「房貸寬限期」。

　　簡單來說，房貸寬限期就是你在申請房貸時，可以選擇一段時間內「只付利息，不還本金」的彈性還款方式。這段時間就稱為「寬限期」。

　　例如你買了一間房子，向銀行貸了 800 萬元，若申請了 3 年寬限期，那麼在這 3 年內，你每個月只需要支付房貸的利息，不用還本金。等到寬限期結束後，再開始按照原本的貸款條件，同時還本金和利息。房貸寬限期有以下優點：

　　❶ 減輕前期還款壓力：剛買房時，往往需要支付許多額外的費用，像是裝潢、家具、家電等，這時若能利用寬限期，就能暫時減輕每月的還款壓力，讓你有更多的資金可以彈性運用。

　　❷ 資金運用更靈活：寬限期內，每月只需支付較少的利息，省下的錢可以投資、創業或做為緊急預備金。

　　❸ 做為財務緩衝期：如果預期未來收入會增加，或是有其他資金來源，可以利用寬限期作為緩衝，等到財務狀況穩定後，再開始增加還款金額。

　　雖然寬限期時間並不長，但由於只需支付利息，可大幅降低財務支出的壓力，正符合以低買高賣、短進短出為操作策略、追求房屋

周轉率的投資客需求，也因此寬限期是投資客最愛用的貸款條件。而新青安房貸之所以如此受歡迎，寬限期就是主要原因之一。

在一般情況下，多數銀行通常只給予 3 年寬限期，但新青安把寬限期延長到 5 年，直接打破市場行情。對初期預算不足的人來說，寬限期可以有效減輕一開始的還款壓力，甚至可以把多餘的資金投入股市來靈活運用。

然而，不少人的盤算是相信臺灣房市只漲不跌，寬限期滿後必定增值。由於申請新青安貸款，寬限期 5 年內只需要給付利息，大概跟房租差不多，只要再撐 1 年，就符合房地合一稅滿 6 年的自住條件。再加上獲利 400 萬元以內不需要繳稅，超過部分也只要按 10％稅率課稅。月付金額低加上稅率優惠，簡直是完美組合。

在一切都符合預期的情況下，持有 6 年後就可達成利息及稅務的獲利最大化，只要挑對地段，確實有機會價值翻倍，快速獲取財富增長。但是，寬限期並非完美的，申請時，應先思考以下幾點：

❶ 評估自身財務狀況：在申請寬限期前，務必仔細評估自己的收入、支出和未來財務規劃，確保寬限期結束後，你有能力負擔每月本利攤還的房貸。如果未來考慮換工作，或是有其他突發狀況導致收入中斷，可能就會無法按時繳納利息，甚至面臨違約的風險。

❷ 選擇適當的寬限期長度：寬限期長短會影響到未來的還款壓力。寬限期因為前幾年不用繳本金，等於是把償還本金的時間壓縮，後期還款壓力會變大。因此，應該妥善考量個人需求及未來財務規劃後，選擇適當的寬限期長度。

❸ 總利息支出必然增加：因為寬限期內只還利息，並未償還本金，因此若申請「房貸寬限期」，總利息支出會比沒有申請寬限期的貸款要多。

**Q** 我該使用寬限期嗎？

**適用對象** ➡️ 初期預算較低，資金規劃採延後還款的貸款者。

**優點** ➡️ 減輕貸款初期還款壓力，整體資金可靈活運用。

**缺點** ➡️ 寬限期結束後還款壓力大增，整體利息支出較高。

　　最後提醒一點，房貸寬限期是一個可以幫助減輕購屋壓力的工具，但並非所有人都一體適用。在申請前，務必仔細評估自身狀況，並與銀行貸款專員充分溝通，選擇最適合你的方案。寬限期不是萬能的，它只能暫時減輕還款壓力，無法完全解決財務問題。在申請寬限期前，還是建議先規劃好未來的還款計畫，才能避免產生不必要的負擔。

Chapter 3

# 買房不買貴

首購族精打細算的出價策略

# 我買得起多少錢
# 的房子？

當你下定決心要買房，面對琳瑯滿目的房產資訊，可能會感到茫然而不知從何下手，腦中還會浮現許多的問題。而我的建議是，初次買房者的第一步，應從判斷買得起多少錢的房子開始！你可以先依據家庭收入、存款和可貸款額度，計算出自己負擔得起多少錢的房子。以前述預算，綜合考慮工作地點、交通便利性、學區、生活機能等因素之後，選出理想的居住區域。當你對買房的預算及區域有概念，設定好買房目標，就能有效率地進行後續的看房流程了。

## 兩秒買房速算法：
## 你能負擔的房屋總價為多少？

現在網路資訊十分發達，如果想知道自己買得起多少錢的房子，已經有不少網站都有提供類似的查詢功能。但我想和大家分享一個更方便的「兩秒買房速算法」。不管你在看屋現場，或是隨機在路邊看到有興趣的物件，只要心中記住這個速算公式，不需要連上特定網頁，隨時隨地都能讓你得到答案。

　　此速算法只要記住 3 個數字，就能快速評估你買得起多少錢的房子。不用多，記住這 3 個數字：「100、0.3982、0.8」。

　　接著，如果你每個月可負擔的房貸支出是 4 萬。你只要用 4 先「乘上」剛剛說的 100 再「除以」0.3982，就是你的「房貸總金額」，答案是 1005 萬。再來，因為通常房貸是房價的 8 成，再把前面的數字「除以」0.8（以現在銀行貸款水位拉警報的狀況來看，我們也可以保守抓 7 成，用「除以 0.7」來計算），最後的答案就出來了，你買得起的「房子總價」大約是 1256 萬（房貸抓 7 成的總價則是 1436 萬）。

　　當然，買房除了貸款，你還必須要有「自備款」，只要用前面兩個數字相減，「房子總價」扣掉「房貸總金額」就可得到答案了，「自備款」是 251 萬（房貸抓 7 成的自備款為 431 萬）。是不是很簡單呢？綜合以上，我們將「兩秒買房速算法」的公式整理如下：

$$\begin{bmatrix} 買得起的 \\ 房價 \end{bmatrix} = 每月房貸支出 \times 100 \div \underset{\substack{房貸係數 \\ A}}{0.3982} \div \underset{\substack{貸款成數 \\ B}}{0.8}$$

　　然後解釋一下這 3 個數字的意義。為什麼是 100 跟 0.3982 呢？因為假如貸款 100 萬元，現行一般首購利率以 2.56% 計算 (2024年 12 月)，貸款年限 30 年，不考慮寬限期，本利平均攤還計算，每個月就付 3982 元。換算以萬為單位，就是 0.3982。公式將此稱為「房貸係數 A」。而 0.8 的由來，前面有解釋過了，代表貸款成數，公式將此稱為「貸款成數 B」。

那如果未來利率變動，或是貸款年限不一樣，速算法不就不能用了嗎？不會的，只要參考以下的附表，選擇當時相近並適合的「房貸係數 A」即可。例如，假設未來降息，房貸利率變為 2.06%，查表可知「房貸係數 A」將由 0.3982 調整為 0.3726。而如果貸款不是 8 成而是 7 成，也只要將「貸款成數 B」，由 0.8 調成 0.7。只要依據未來的變動，微調各項係數，公式一樣可以適用喔。

▼ **房貸係數 A 變動表**

| 房貸利率 / 貸款年限 | 20 年 | 30 年 | 40 年 |
|---|---|---|---|
| 1.685% | 0.4911 | 0.3541 | 0.2865 |
| 1.810% | 0.4969 | 0.3602 | 0.2929 |
| 1.935% | 0.5028 | 0.3664 | 0.2994 |
| 2.060% | 0.5087 | 0.3726 | 0.3060 |
| 2.185% | 0.5147 | 0.3789 | 0.3126 |
| 2.310% | 0.5207 | 0.3853 | 0.3194 |
| 2.435% | 0.5267 | 0.3917 | 0.3262 |
| 2.560% | 0.5328 | 0.3982 | 0.3331 |
| 2.685% | 0.5390 | 0.4048 | 0.3401 |
| 2.810% | 0.5451 | 0.4114 | 0.3471 |
| 2.935% | 0.5513 | 0.4181 | 0.3542 |
| 3.060% | 0.5576 | 0.4248 | 0.3615 |
| 3.185% | 0.5639 | 0.4316 | 0.3687 |
| 3.310% | 0.5702 | 0.4385 | 0.3761 |
| 3.435% | 0.5766 | 0.4454 | 0.3835 |
| 3.560% | 0.5830 | 0.4524 | 0.3910 |
| 3.685% | 0.5895 | 0.4594 | 0.3986 |
| 3.810% | 0.5960 | 0.4665 | 0.4062 |
| 3.935% | 0.6026 | 0.4737 | 0.4139 |
| 4.060% | 0.6091 | 0.4809 | 0.4217 |

註：以貸款 100 萬元，無寬限期，每月本息平均攤還計算，半碼（0.125%）為升降級距。

## 🏠 生活品質與購屋能力的兩難：
## 如何決定每月房貸支出？

買房雖然重要，但當你為了一圓買房的夢想，月收入用來支付房貸的比例過高，就可能淪為失去生活品質的屋奴。可是現在房價這麼高，如果不拿出一定比例來付房貸，卻又買不到房子。

那麼，要如何衡量每個月的房貸支出呢？這裡介紹兩個技巧：月負債收支比、買房 333 原則。協助大家自行判斷每個月可付多少房貸，才能夠同時兼顧生活品質以及購屋能力。

### 月負債收支比

銀行在核撥貸款之前，會先評估借款人的還款能力才決定放款額度。月負債收支比指的是借款人每月貸款月付金（包含房貸、信貸、車貸、預借現金、信用卡等），一般不能超過平均月收入的 70%。因此，本項指標代表的是房貸上限，房貸最高無法超過每月收入的 70%。計算公式如下：

$$月負債收支比 = \frac{借款人所有貸款月付金合計}{借款人平均月收入}$$

舉例說明，小陳的平均月收入是 10 萬，每月須繳交 2 萬元的信貸，且無其他房貸、車貸或信用卡借款，月負債收支比為 20%。因月負債收支比上限為 70%，代表銀行評估小陳的償債能力每月貸款月付金最高不宜超過 7 萬，所以小陳再申請房貸之上限為月

付額 5 萬（7 萬 -2 萬）。

## 買房 333 原則

　　買房 333 原則就是把家庭收入分成 3 份。1/3 的薪水作為房貸支出，1/3 的薪水用在儲蓄理財，1/3 的薪水作為生活消費。如此一來，可以妥善因應生活所需，同時兼顧購屋與理財，是最安全的財務守則。

　　但如同前面所提到的，在近年的房市大漲之後，房價早已今非昔比。依據內政部公布資料，2024 年 Q2 全臺灣平均房貸負擔率已達 46.02%，也就是說，每個家庭每月繳納房貸金額占可支配所得比率為 46.02%，早就超過 1/3。如果堅持「買房 333 原則」，房貸支出只能壓在薪水的 1/3，可能會造成多數人買不到房子。

　　那麼，買房 333 原則該用在哪裡呢？我們應該考量房地產的投資屬性，將其視為投資理財的手段之一，並依個人的風險承受程度及所能創造的投資報酬，彈性決定房貸的支出比例。

　　比方說，有些人是月光族，平時沒有投資理財觀念，手上一有多餘的錢，可能就會花光，此時把 1/3 儲蓄理財支出完全用來付房貸，說不定更能留住錢財。而有些人已有多年的理財習慣，他透過其他投資能創造比房地產更高的收益，則應該在 1/3 儲蓄理財支出裡保留一定比例。

　　總結以上兩個原則，最合適的每月房貸支出是多少呢？首先，1/3 的家庭生活消費支出是不可挪用的，除了維持生活品質，也可避免超過月負債收支比。而房貸支出則應考量個人財商，控制在每月收入的 1/3 至 2/3 的彈性區間，才是最好的選擇。

## 不可遺漏的重要支出：
## 買房其他必要成本

買房除了房價本身，還有許多額外的成本。買房支出就像是一座冰山，除了表面可見的自備款及每月房貸支出之外，還有著許多容易被忽略卻會實際影響你的購屋成本。包含以下：

| | |
|---|---|
| **仲介費** | 若透過房仲買房，就需支付仲介費，法令規定仲介費上限不得超過成交價的 6%（通常賣方付 4%、買方付 2%），但實務上依個案狀況有折讓空間。 |
| **稅費及登記規費** | • 契稅（房屋評定現值 × 稅率 6%）。<br>• 印花稅（土地公告現值及房屋評定現值 × 稅率 0.1%）。<br>• 產權移轉登記規費（申報地價或房屋評定現值或權利價值 × 稅率 0.1%、書狀費每張 80 元）。<br>• 貸款設定登記規費 (貸款金額 ×1.2 倍 × 稅率 0.1%、書狀費每張 80 元 )。 |
| **代書費** | 找代書辦理過戶、設定抵押權等手續，需要支付代書費，一般約在 3 萬元以下。 |
| **履約保證金** | 若買賣交易過程有辦理履約保證即需支付，通常為總價的 0.06%，買賣雙方各付一半。 |
| **家具及家電費用** | 購置家具、家電及廚房設備，視品牌及數量增減，一般約 50 萬以內。 |
| **裝潢費用** | 裝潢費通常依照屋齡區分，5 年以內的新成屋，只要做基本的裝修就行，1 坪約 5~7 萬。如果是 20 年以上的老屋，由於工程項目較多，1 坪可能要 10~15 萬才足夠。 |
| **其他費用** | 除了前述主要費用外，還包含管理費（預售屋預收）、保險費（火險及地震險），以及銀行房貸相關費用（鑑價費、設定費及開辦費）等等。 |

在買房的其他必要成本中，裝修費出於屋齡及屋況有較大的差異，須視個案狀況才能評估，至於其餘仲介費、稅費、代書費等成本，如果懶得一一細算，可以多準備房價的 10% 來規劃預算，就大致足以涵蓋相關成本。

## 🏠 買房一定要有餘裕，購屋預算要預留彈性

當你利用本章的公式，計算出可負擔得起的房價後，直接對照第 6 章內容，就可以快速得知你買得起哪個區域的房子了。

最後要提醒的是，買房會影響到家庭長期的生活品質及財務規劃，需要仔細評估自己的財務狀況和需求，千萬別為了買而買。透過以上計算方式和建議，希望能幫助大家更清楚地了解自己的購屋能力，記得預算不要抓得太緊，留一些彈性空間才能應付突發狀況。

# 房子怎麼計價？
# 各類產品大不同

　　我們去水果攤買水果，精挑細選終於選到自己喜歡的水果後，第一個問老闆的一定是：「這西瓜一斤多少錢？」由於有著以斤為計價單位的共識，買賣雙方對價格才有了溝通議價的基準。

　　在臺灣，無論土地或建物都是用「坪」（1 坪 =0.3025 平方公尺）來計算面積。因此，通常大家會以「一坪多少錢」作為房價的計算單位。但其實不同類型的房地產，計價方式是有差異的，背後更隱藏著一般人沒注意到，但對價格有重大影響的眉角。

　　如同前面章節所提，臺灣的住宅依建築產品類型，可分為公寓、華廈大樓及透天住宅 3 種，以下即分別說明其計價方式以及需要注意的重點。

## 一般公寓、華廈大樓的計價方式：建坪計價

　　公寓及華廈大樓在產權持有方式上有個共同特點，就是僅房子是屋主單獨所有，土地則和他人共有。由於土地產權不是百分之百屬於自己，因此房價計算方式，只以房子建坪計價。如果有買

停車位，則從房子總坪數中扣除車位面積後，另以個數計價，併入總價。公式如下：

$$公寓、大樓總價 = \frac{房子坪數（扣除車位面積）×}{每坪單價＋車位個數 × 車位單價}$$

買幾坪的房子，就付幾坪的錢，聽起來相當公平。但你可能會想，這麼簡單的邏輯，連我阿嬤都懂，有必要特別說明嗎？然而，對一般公寓和大廈來說，你所購買的房子坪數，除了個人實際使用的室內面積，也包含和別人共同分攤的公共設施，包含供全社區共同使用的門廳、警衛室等「大公」，或是只供當樓層共同使用的樓梯間、走道等「小公」。由於公設並非個人專用，因此臺灣的房屋也常稱為是「虛坪制」。

當你買的房子公設比越高，代表專屬你個人使用的坪數越小，使用效益越差。因此，對消費者來說，通常公設比過高的房子是不好的。

但對建商來說，立場則完全相反，如果能創造出更高的公設，銷售面積更多，就能提高利潤。建商只要透過不同的登記方式，上下其手提高虛坪，就可能讓你多花好幾百萬。說穿了，這也就是部分建商拒絕政府虛坪改革的原因。

舉個例子，建商興建某社區，假設大樓總戶數只有 2 戶及 1 個車位。每戶總面積（含公設）30 坪，每坪單價 100 萬。坡道平面車位（含 6 坪車道）1 個 12 坪，每個車位 300 萬。有 2 個客戶 A

與 B 有意購買，我們分成以下 2 種情況來分析：

如果建商沒有灌虛坪，車位以合理面積（含 6坪車道）12坪銷售。

**A買1戶**

總面積 30 坪，以每坪單價 100 萬計算。
總價＝ 30 坪 ×100 萬元／坪＝3000 萬。

**B買1戶加車位**

總面積 30 坪，以每坪單價 100 萬計算。車位 12 坪，以每個車位 300 萬計算。
總價＝ 30 坪 ×100 萬元／坪＋1 個車位 ×300 萬／個＝3300 萬。

建商總銷金額
3000 萬＋3300 萬＝6300 萬。

建商灌入虛坪後，把 6 坪車道改成公設分攤給 2 個住戶，車位面積只用 6 坪銷售。

**A買1戶**

總面積由原本的 30 坪，加上 3 坪車道公設之後變成 33 坪，仍以每坪單價 100 萬計算。
總價＝ 33 坪 ×100 萬元／坪＝3300 萬。

**B買1戶加車位**

總面積加上 3 坪車道公設後變成 33 坪，仍以每坪單價 100 萬計算。車位面積縮小為 6 坪，但因車位是以個數計價，因此車位價格仍為每個 300 萬。
總價＝ 33 坪 ×100 萬元／坪＋1 個車位 ×300 萬／個＝3600 萬。

建商總銷金額
3300 萬＋3600 萬＝6900 萬。

建商只用車道灌入公設的方式，就直接多賺 600 萬。世上還有比這更好賺的事嗎？苦到的卻是買房的人，因為室內面積一樣，車位還是一個，但莫名其妙多花了 300 萬。

看完上面的案例，你可能會想，那車位面積究竟要多大才合理呢？我參考了多家銀行的內部估價原則，整理出下方之合理車位面積表，買房前，大家可以先比對看看。

| 車位種類 | 合理車位面積<br>（含車道） |
|---|---|
| 坡道平面車位 | 8~12 坪 |
| 機械平面車位 | 7~10 坪 |
| 坡道機械車位 | 3~6 坪 |
| 機械機械車位 | 2.5~5 坪 |

## 🏠 透天住宅的計價方式：土地建物分開計價

「透天」顧名思義指的是「有天有地」的住宅，從一樓到頂樓，整棟房屋均為屋主單獨所有。住在透天裡，你不需要和社區其他住戶分攤公共設施，也不必擔心樓上樓下的鄰居會因為生活習慣不同而彼此干擾，可以享受更佳的隱私性及空間利用效率。

但即使外觀看起來都是獨棟建築，其實也是有差別的。唯有土地屬於屋主百分之百單獨所有，並以獨立建照方式開發的，才能被稱為「真透天」，否則只能被歸類為「假透天」，兩種產品隱含的價值差距相當大，而價格計算方式更是完全不同。

差別在於，當你的房子本身是獨立建照開發，並且百分之百擁有土地所有權，你就可以隨心所欲決定未來的用途，完全不需要經過其他人的同意。可以自行決定未來房子什麼時候要拆掉重建，是否要答應建商參與都更，還是找鄰居一起合建，一切都由你說了算。

這點非常重要，現在都更之所以卡關，正是因為住戶眾多、土地產權分散，只要少數屋主不同意，整棟房子就沒辦法改建。但如果你擁有完整的土地權利，你就能擁有獨立的決定權，讓土地的價值充分發揮。

由於「真透天」必須考量土地的開發價值，因此其房價計算方式，並不是以房子的建坪計價，而是將土地及建物分開計價。建物部分，是以建物的「造價」計算，也就是建築物的「重置成本」扣除「折舊」後的殘值。土地部分，則以土地的每坪「市價」評估。公式如下：

$$透天住宅總價＝\begin{array}{l}建物坪數 × 建物每坪單價＋\\土地坪數 × 土地每坪單價\end{array}$$

## 🏠 其他變形產品：假透天怎麼計價？

先前提到，雖然外觀看起來都是「有天有地」的獨棟建物，但只要土地不是屋主百分之百單獨所有，並以獨立建照方式開發的，就是所謂的「假透天」。事實上前面提到的公寓及華廈大樓，跟假透天一樣，土地都是和其他社區屋主持分共有，對於這樣類

型的產品，由於土地並非由屋主百分之百持有，土地無法獨立開發，土地價值就無法單獨評估。

因此，假透天的房價計算方式，跟公寓及華廈大樓一樣，只能以房子建坪計價，而不是如同真透天將土地及建物分開計價。公式如下：

$$假透天住宅總價 = 房子坪數 \times 每坪單價$$

在實務上，有時會直接以土地是否單獨所有，來作為判斷真假透天的基準。在大部分的情況下是正確的，但也有例外。現在有許多社區型透天，是以整個社區同一建照的方式開發。屋主會取得多筆土地權狀，建物座落的土地是由屋主百分之百持有，但另外還有社區道路、遊憩區等社區公設土地是由整個社區住戶共同持有。

這樣的社區型透天產品，未來一樣要其他社區住戶同意，才能進行改建。如果只以土地產權是否百分之百來判斷，有時並不完全準確。

## 🏠 魔鬼藏在細節裡，計價內容要注意

在報章媒體上，常會定期揭露一些房市的特殊交易價格新聞，但內容有時卻讓人看了直搖頭。由於房地產基本觀念薄弱，人們

對於房價的評估方式偶爾會出現嚴重的偏誤。比方說將真透天產品以建坪價來計算，甚至和公寓大樓的單價相比，最後做出與現實不符的結論。

綜合來看，以建坪計價的公寓大樓，除了單價的高低，還必須了解公設以及車位面積的合理性，以免賺了單價，而賠了總價；透天產品則必須釐清真假透天的差異，才能妥善考量土地的開發價值，做出正確的價格評估。

# 實價登錄藏了
# 哪些細節？

　　我之前在從事不動產估價工作時，最討厭的一件事，就是做成交價格的市場調查。在當年，由於沒有實價登錄制度，成交價格都是黑箱作業，所有資訊都掌握在仲介業者的手裡。所以每到一個人生地不熟的地方看估價案，都要到當地仲介店頭拜碼頭，千拜託萬拜託之後才能問到成交價格。

　　在當時，連我們這些不動產從業人員，都沒辦法充分掌握所有的成交價格資訊，更何況是對房地產更不熟悉的一般民眾。在那個資訊不對稱的年代，一切都是仲介說了算，惡意欺騙、賺差價等交易糾紛時有所聞，消費者只能任人宰割。後來在 2012 年終於實施了實價登錄制度，房地產市場的資訊透明度大幅改善，所有人也總算能輕鬆了解市場價格現況。

　　現在來聊聊查詢實價登錄的一些小技巧吧！

## 實價登錄怎麼查？
## 5 步驟教你輕鬆查出市場行情

　　想買房的大家，一定都有試用過內政部實價登錄網站，使用上

並不複雜，但要如何正確判讀資料才是應用時的關鍵。接下來，我將會一步步帶領大家操作實價登錄的查詢流程，拆解這些資料的意義，並教你如何辨識出那些有問題、可能會誤導你的實價登錄個案。

舉個例子來說明，如果 2024 年 11 月，欲購買新北市板橋區的中古屋，可依循以下步驟來查詢實價登錄資訊。

## STEP 1. 依購屋需求種類選擇查詢項目

進入內政部實價登錄網站後，可查詢下列 4 種資料：

①「買賣查詢」可查詢「中古屋成交價格」資料。

②「租賃查詢」可查詢「成交租金」資料，點選。

③「預售屋查詢」可查詢「預售屋成交價格」資料。

④「預售屋建案查詢」可查詢「預售屋建案及合約」資料。

根據你欲購買的產品類型，選擇不同的查詢資料，而如同前面提過的，預售屋價格屬於期貨性質，正常情況下價格高於成屋及中古屋。因此，如果要買的是中古屋就應該從①來查詢，否則預售屋的市場成交行情將明顯高於中古屋，導致你判斷價格時會有所偏誤。

## STEP 2. 選擇欲查詢的購屋區域及房屋條件

進入中古屋成交價格查詢後，於①下拉式選單選擇「新北市板橋區」，若已鎖定購買特定社區或門牌，也可一併輸入②「門牌或社區名稱」，接著再選擇③「交易期間」，由於房地產價格將隨市場狀況上下變動，因此最好不要超過1年，以免無法反映市場現況。

如果已經鎖定特定類型產品，對總價、面積、樓層或格局有特定要求，例如想購買2房、總價1500萬，主建物面積不小於15坪等條件，也可透過④「進階條件」加入設置篩選。前述資料均輸入完成後，最後再點選⑤「地圖搜尋」，即可產出搜尋結果。

要提醒的是，「行政區」及「交易期間」為必要之輸入條件，必須先確認好，才能進行後續查詢。「門牌或社區名稱」及「進階條件」則非必要，且當輸入條件過於限縮，反而會造成搜尋結果過少。因此，將條件適度放寬，有時可得到更佳的搜尋結果。

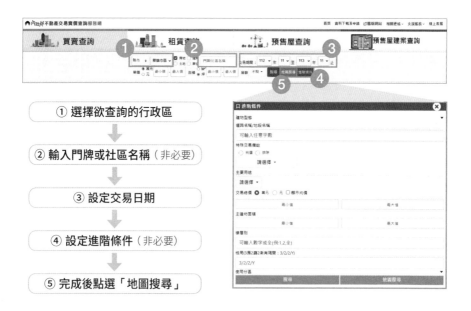

## STEP 3. 出現搜尋結果後，選擇個別成交案件查詢

　　產出之搜尋結果，會以「地圖」及「列表」之方式左右呈現，兩種方式均可進行案件檢索。針對有興趣的成交案件，你只要點選①前方的「＋號」，將顯示本筆成交之詳細交易內容，比方說，物件為公寓或電梯大樓、屋齡多久、樓別及樓高、格局是幾廳幾衛等。

　　接著，點選②「定位符號」圖示，則會在地圖上顯示相對位置，可了解建築物之臨路狀況、與附近其他成交案件的距離。點選③「周邊設施」，可以查詢該案件距離周邊公園、市場、學校等便利設施之遠近，並可得知是否鄰近加油站等嫌惡設施，可確認生活機能是否方便以及受嫌惡設施的影響程度。

　　但要留意的是，系統對於嫌惡設施的涵蓋範圍未必足夠完整，詳細說明可參考本書〈4-1〉。

① 點選「＋號」出現交易明細

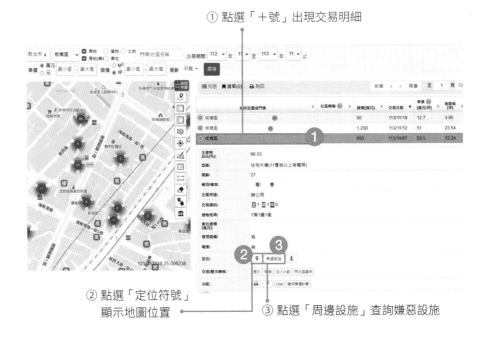

② 點選「定位符號」
顯示地圖位置

③ 點選「周邊設施」查詢嫌惡設施

## STEP 4. 針對案件內容進一步查詢交易明細

在前述步驟點選「＋號」後出現的交易資訊，其實還是不夠完整。例如建材為何？公設比多少？每個車位多少錢？如果要查詢這些交易細節，可以再點選①「明細」處，即可顯示本筆交易之備註、土地、建物、車位坪數及形式、價格計算等其他重要資訊。

其中，②「備註」是判斷本筆實價登錄是否具有參考性，最重要的依據。只要是特殊交易，如急買急賣或親友間買賣，價格通常會偏離正常市價，應不予參考。如果確定屬於特殊交易，在「備註」欄位可以看到文字說明（特殊交易包含哪些，將在 P.132 有更詳盡的說明）。

以本筆成交案件為例，在備註欄位中，即有註明：「親友、員工、共有人或其他特殊關係間之交易」。因此，本筆成交案件屬於特殊交易，價格不具參考性，應該加以排除，另外去搜尋更適合的實價登錄案例。

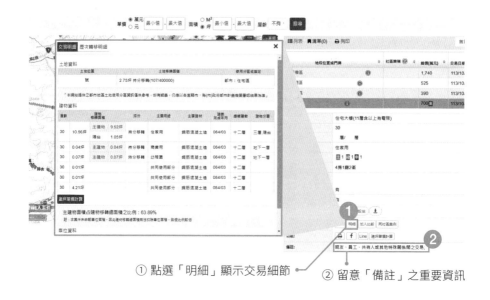

① 點選「明細」顯示交易細節　　② 留意「備註」之重要資訊

## STEP 5. 查詢案件歷次交易價格

實價登錄制度有另一個很棒的功能，是可以查詢歷次移轉紀錄。為了避免虧損，屋主的賣房開價通常是以當初買房成本為最低底限，所以了解屋主買價是相當重要的價格參考。在實價登錄上線前，要得知屋主取得成本，只能用貸款來回推（將於〈3-6〉進一步說明），但在 2012 年 8 月實價登錄實施後，只要交易價格無異常，就可以從實價登錄網站查詢到當初的成交價格。

只要點選①「歷次」，將顯示本筆成交案件先前轉手之歷史紀錄，包含交易日期、總價、單價等。與前面的查詢方式相同，只要點選前方的②「加號」就可再顯示格局、車位價、備註等詳細交易內容。

此處要提醒大家的是，有時前次移轉，可能因為買賣範圍不包含車位等原因，導致與本次的交易面積不同，交易價格就會有偏差。這些小細節，記得要看清楚！

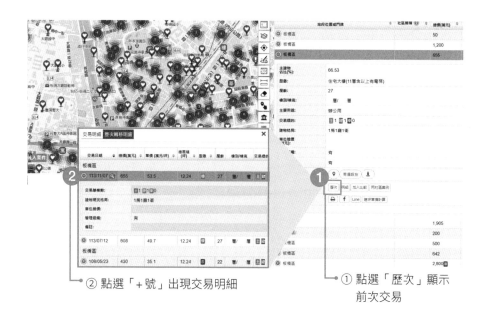

② 點選「＋號」出現交易明細

① 點選「歷次」顯示前次交易

## 🏠 避免踩雷！抓出那些有問題的實價登錄

　　實價登錄制度解決了房地產市場資訊不對稱的問題，讓消費者能在充分的資訊下，對購屋置產做出正確的判斷。但實價登錄也不是完美無缺的，即使政府已經對於實價登錄申報資料做了初步的篩選，有些內容仍然可能造成一般民眾的誤解。有問題的實價登錄包含哪些呢？

### 未拆算車位價格的建坪單價

　　實價登錄是由買賣雙方自行申報。若當事人申報內容不夠正確，將會影響案件的價格正確程度。以含車位之房屋交易為例，如果申報人沒有正確申報「車位面積」及「車位價格」，實價登錄網站將無法拆算出正確之建坪單價，造成房價計算的偏誤。我們從以下案例來實際計算看看。

　　有一間房屋剛以總價 3000 萬成交。含有坡道平面車位之總面積 50 坪，其中坡道平面車位 10 坪，車位 300 萬。當申報人沒有正確申報「車位面積」及「車位價格」時，實價登錄網站會直接將總價 3000 萬除以含車位的總面積 50 坪，系統顯示之建坪單價為每坪 60 萬元。

　　但依實際交易習慣，車位價格是另行分算的。因此，含車位之房屋交易，正確建坪單價計算方式，應該是先將車位面積與價格扣除之後，再來計算單價。故本案總價 3000 萬應先扣除車位價格 300 萬後，再除以扣除車位面積後坪數 40 坪，正確之每坪單價為 67.5 萬元。實價登錄未拆分車位價格計算出之建坪單價明顯偏離市價，以這個價格是買不到房子的。

　　那要怎麼判斷實價登錄單價有無拆算車位呢。告訴大家一個簡單的判斷方式，當總價旁有標示「車」字，代表是含車位的交易，此時若①單價旁「無任何標示」，就代表建坪單價已拆算車位價，單價正確可直接參考。若②單價旁有標示「車」字，則代表建坪單價內含車位，必須依照前述計算方式，自行將車位面積與價格扣除之後，才能算出正確建坪價。

① 總價有標示「車」，單價無標示「車」
→建坪單價正確

② 總價有標示「車」，單價有標示「車」
→建坪單價須拆算車位

## 價格失真的特殊交易

　　如果一筆交易的買賣雙方之間有親戚或員工關係，當然會有不一樣的價格，這屬於特殊交易之一。

　　正常的房地產交易，是指無任何關係的買賣雙方，在無特定的

交易條件下，對一般屋況房屋完成的交易。如果買賣交易的條件、內容，以及交易標的，不符合前述的定義，就應列為價格失真的特殊交易。

實價登錄中最常見、最容易誤導人的特殊交易，除了前面提到的親友員工關係人交易外，就是以買房送裝潢或家具設備的手法墊高房價。一般人如果沒留意實價登錄備註，很容易就認定這是正常市場行情，連普通無裝潢的房屋，也用一樣的價格買，那就鐵定當冤大頭了。

下表整理了各種實價登錄的特殊交易，如果在實價登錄備註中看到相關的文字，一定要多加留意，以免被誤導喔！

| 特殊交易類型 | 種類 | 備註相關文字 |
|---|---|---|
| 特殊交易情況 | 急買急賣 | 急賣、急賣。 |
| | 民情風俗因素 | 凶宅、非自然身故、死亡。 |
| | 瑕疵物件 | 輻射屋、海砂屋、傾斜。 |
| | 法院判決 | 判決、訴訟、爭議、解除契約、債權、債務、債務抵償。 |
| | 關係人交易 | 親友、關係人、員工、共有人、二親等、特殊關係。 |
| | 附條件或具特殊效益 | 重建、重劃、都更、含租約、使用權、優先購買權、折讓、賣清。 |
| | 售價包含其他費用 | 裝潢、家具設備、家電、稅費、仲介費、代書費。 |
| | 其他類型 | 贈與、占用。 |
| 特殊交易標的 | 地上權房屋 | 地上權。 |
| | 特殊產品 | 夾層、地下室、違章、未登記、持分。 |
| 政府機關相關交易 | 政府機關標讓售 | 讓售、標售、承購。 |

## ⌂ 資訊透明化是普世價值，懂得篩選就能正確運用資訊

常看到有人批評，實價登錄制度很糟，不僅政府會「蓋牌」，登錄價格定錨更會導致價格上漲。但資訊本身是中性的，缺失是人的問題，而非制度。如果房地產市場能因此更加公開透明，對於消費者的保護，依然會比實價登錄實施前來得更好。

在具備了判讀區域房市行情的基本知識能力後，在下一節，我們將進入大家買房前的關鍵重點：如何評估合理的房價。

# 房價怎麼估？
# 教你評估合理房價

在房地產市場，價格是決定買賣成敗的關鍵。這兩年在通膨及新青安政策的帶動下，市場普遍瀰漫著 FOMO（錯失恐懼）的情緒，擔心今天沒買、明天會更貴。但當你因害怕買不到房子，不小心出價太高，用明顯不合理的價格去買房，將會面臨超乎想像的風險。

如果未來房價持續上漲，雖然有賺，但由於你的取得成本較高，所能賺得的房價漲幅一定會比別人少。更嚴重的是，如果房市在歷經多年牛市後，房價開始反轉向下，短期你也會承擔比別人更高的虧損壓力。所以，只有用合理的價格買到房子，才能立於不敗之地。

那怎樣的房價才算合理呢？我過去有 8 年不動產估價實務經驗，加上在臺灣各地處理過數百件以上的估價案件，接下來將結合自身的經歷，分享評估合理房價的方法，讓你買房不買貴。

## 🏠 3 大傳統估價法

要了解如何評估合理房價，還是得先從傳統的估價方法開始談

起。房地產有 3 大估價方法，包含：成本法、收益法、比較法。它們各有其不同的理論基礎及優缺點，如果充分了解其意義，透過綜合運用相互比較，可以更精確地評估房子的合理價格。

## 成本法：成本花多少，房子值多少

成本法簡單來說，是由成本的觀點出發：「如果我要蓋出一模一樣的房子，需要花多少成本？」由於房子是由土地及建物構成的，因此成本法就是以土地市價，再加上重新建造房子並扣除折舊後的建物成本來估算其價格。公式如下：

$$成本價格＝土地價格＋建物成本價格$$
（建物總成本－建物累積折舊額）

成本法的優點是客觀性高，建物透過實際成本計算，能得到一個相對客觀的價格，因此特別適用於估算新建物或尚未完工的房屋。但其缺點則是需要具備營建專業知識，才能正確判斷成本。而由於建物只考慮建造成本，並非由買賣雙方決定，也忽略了市場性。

## 收益法：租金收多少，房子值多少

收益法是將房子視為可帶來租金收益的投資工具，透過預估房子未來可產生的租金收益，再以合理的資金報酬率來反推其價格。因此，收益法特別適合運用在商場、店面、辦公室等具收益性的商用不動產。

收益法包含兩種計算方式，分別為「直接資本化法」及「折現現金流量分析法（DCF）」。後者需推估不動產之逐年現金流以及最終的賣出價格，對無經驗的房地產入門者應用難度較高，故此處僅簡單介紹「直接資本化法」的概念，其公式如下：

$$\text{收益價格} = \frac{\text{勘估標的未來平均一年期間之客觀淨收益}}{\text{收益資本化率}}$$

收益法的優點是能反映房子的投資價值，而非僅僅是市價或建築成本，特別適合用在投資人估算出租公寓或商用不動產的合理價值。而缺點則是長期租金成長難以推估，且資本化率的選擇對估價結果影響甚大，需有豐富的投資經驗，才能做出正確評估。

### 比較法：周邊賣多少，房子值多少

比較法是將待估房屋與周邊近期成交的相似房屋進行比較，透過屋齡、樓層、面積、屋況、景觀等不同特徵的差異調整，來計算待估房屋的合理價格。由於估價方法直觀易懂，透過優劣差異的相互比較，就可判斷合理價格，也是最常被運用的不動產估價方法。比較法公式如下，需至少參考 3 個比較案例來計算調整後，才能得到最終價格：

$$\text{比較試算價格} = \text{比較標的價格} \times \text{情況調整} \times \text{價格日期調整} \times \text{區域因素調整} \times \text{個別因素調整}$$

比較法的優點是直接參考市場上的成交價格，能更準確反映市場行情。而且適用範圍廣，可應用於各種類型的房屋。但缺點則是每間房屋都有其獨特性，要找到相同的房屋進行比較並不容易。若以差異大的比較案例進行調整，估價結果可能不準確。

## 3×3 簡易估價法：3 個實價登錄案例 ×3 個變數調整

前面介紹的 3 大估價方法，對剛踏入房市的首購新手來說並不好上手，畢竟估價終究是一門專業，需要具備豐富的房地產經驗，還必須隨時蒐集市場資訊，才有能力運用建築成本、租金收益、交易市價等不同類型的數據資料來進行估價。

但如果只是買房自住，並不需要成為估價專家。對一般住宅估價來說，只要對「比較法」有概念，懂得簡易估價就可以實戰運用了。因為自用住宅相對單純，如果能篩選出合適的實價登錄案例，並了解「比較法」的差異調整方式，估價出來的結果就不會差太多。

為了讓房市新手也能輕鬆應用，本書簡化前述的比較法公式，提出「3×3 簡易估價法」（公式如下頁表格）。只要參考 3 個實價登錄案例，並調整社區、屋齡及樓層 3 個變數，就能算出合理房價。

| | |
|---|---|
| 試算房價 A | 實價登錄案例 1× 社區變數調整 × 屋齡變數調整 × 樓層變數調整 |
| 試算房價 B | 實價登錄案例 2× 社區變數調整 × 屋齡變數調整 × 樓層變數調整 |
| 試算房價 C | 實價登錄案例 3× 社區變數調整 × 屋齡變數調整 × 樓層變數調整 |
| 合理房價 | （試算房價 A＋試算房價 B＋試算房價 C）÷3 |

　　接下來，我將詳細說明在「3×3 簡易估價法」中，該如何正確選擇案例、變數調整原則，並且透過計算範例，讓每個人都可以快速地初估房價。

### 如何選擇實價登錄案例？

　　比較法的應用關鍵，是選擇的實價登錄案例必須有參考價值。如果挑選的是不具有類比性的參考案例，像買中古屋卻參考預售屋成交價、買 2 房卻參考套房成交價，比較基準一開始就錯了。那麼，怎麼樣才是有參考性的實價登錄案例呢？

　　首先，成交時間越近越好，才能反應最新的市況，最好不要超過 1 年。其次，區域、產品類型、屋況要具備替代性。和欲買物件距離越近越好，以 500 公尺以內為佳。房型等各項條件都要相似，與我們想買的房子才有可比性。最後，參考案例個數要有 3 個，才具備價格代表性，可避免單一案例選擇錯誤所造成的偏誤。

### 變數差異調整原則

　　當我們已經盡量找出與想買物件相似的實價登錄案例，但天底

下沒有完全相同的兩間房子，就算是同社區成交，屋齡、社區條件都相同，也會有樓層的差別，因此，還是要進行調整。以下為大家歸納出 3 個需要調整的變數及其差異調整的原則。

**社區變數調整** → 每個社區大樓都有其獨特的立地條件，例如臨路條件、有無景觀，甚至周邊有無寺廟等嫌惡設施，都會影響房價高低。視其影響程度，房價差異比例約在 10% 以內。

**屋齡變數調整** → 因為房子會折舊，隨著時間過去，價值自然越來越低。況且屋齡越新的房子，建築工法不同，更提高了房價的差距。一般而言，屋齡每多 2 年，約影響房價 1%。

**樓層變數調整** → 通常以 4 樓為基準，樓層越高或越低，房價都會越貴。為什麼呢？因為房子樓層越高，視野較好；樓層越低，可及性佳，所以高低樓層價格都會比較貴。一般而言，若無特殊景觀差異，以每 2 樓層為同一級距，差異約房價 1%。

　　接下來，透過這個範例，來實際計算看看吧。若惠珍 2024 年 7 月，欲購買玉欣大樓 4 樓，總樓層 15 樓，屋齡 30 年，2 房坪數 25 坪，每坪買價多少才算合理？

| 實價登錄案例 A：玟池大樓 14 樓 | |
|---|---|
| **詳細資料** | 距玉欣大樓 50 公尺，社區條件相似。2024 年 5 月成交，成交價格每坪 60 萬。總樓層 14 樓，屋齡 30 年，2 房坪數 26 坪。<br>此案例為 1 年內成交，位於周邊，屋齡條件相近且同為大樓 2 房產品，價格有參考性。但位於高樓層，樓層條件優於惠珍想買的玉欣大樓，故樓層變數向下調整 5%。 |
| **試算房價 A** | 玟池大樓房價每坪 60 萬 × 社區變數 100% × 屋齡變數 100% × 樓層變數 95% ＝每坪 57 萬 |
| 實價登錄案例 B：智慧大樓 5 樓 | |
| **詳細資料** | 距玉欣大樓 80 公尺，前方為加油站。2024 年 2 月成交，成交價格每坪 54 萬。總樓層 12 樓，屋齡 30 年，2 房坪數 24 坪。此案例為 1 年內成交，位於周邊，屋齡及樓層條件相近且同為大樓 2 房產品，價格有參考性。但前方有嫌惡設施（加油站），社區條件較惠珍想買的玉欣大樓為差，故社區變數向上調整 10%。 |
| **試算房價 B** | 智慧大樓房價每坪 54 萬 × 社區變數 110% × 屋齡變數 100% × 樓層變數 100% ＝每坪 59.4 萬 |
| 實價登錄案例 C：惠仁大樓 4 樓 | |
| **詳細資料** | 距玉欣大樓 20 公尺，社區條件相似。2024 年 3 月成交，成交價格每坪 62 萬。總樓層 13 樓，屋齡 20 年，2 房坪數 26 坪。<br>此案例為 1 年內成交，位於周邊，社區及樓層條件相近且同為大樓 2 房產品，價格有參考性。但屋齡條件優於惠珍想買的玉欣大樓，故差異調整向下調整 5%。 |
| **試算房價 C** | 惠仁大樓房價每坪 62 萬 × 社區變數 100% × 屋齡變數 95% × 樓層變數 100% ＝每坪 58.9 萬 |

　　由以上 3 個案例我們可以推估，玉欣大樓合理買價為（試算房價 A ＋試算房價 B ＋試算房價 C）÷3 ＝（每坪 57 萬 ＋每坪 59.4 萬 ＋每坪 58.9 萬）÷3 ＝每坪 58.4 萬。

# 學會篩選參考成交案例， 就能判斷價格之合理性

在不動產估價界流傳著一句話：「不動產估價是科學，也是藝術。」成本法、收益法、比較法等估價公式包含多項變數，要判斷每項變數對價格的影響程度，並做出正確調整，需要深厚的理論基礎以及嫻熟的實務經驗。

而本節目的是為了讓大家理解估價基本概念，以及懂得判斷房地產的好壞價差，有些房子比較貴，有些卻比較便宜，背後都有它的原因。當你具備這個能力，就可以找到最適合的比價參考案例，並做出正確的價格判斷，也不會再被銷售人員用高價但無法類比的個案所誤導。養成這個技能之後，對於買價評估或者和屋主的議價過程都會非常有幫助。

# 善用估價平臺，
# 幫助你節省大把時間

在前幾節中，已經和大家介紹了實價登錄的查詢方式以及簡易的房價評估方法。但有些人可能會覺得政府實價登錄網站不太好用，要花很多時間才能找到合適的價格參考案例，或者預估合理房價的算式太過複雜，畢竟數學不會就是不會，不是每個人都擅長數字的運算。

你的心情我都懂。在這一節，將與大家分享三種好用的免費估價資源：民間實價登錄網站、專業線上估價網站、銀行線上估價網站。透過以上這些網站，可以讓你更方便、快速地查到實價登錄。更棒的是，連房價也不用自己估，由系統直接用 AI 大數據幫你算出合理的房價。

其實，買房是個苦樂參半的漫長旅程。實地看房是有趣的，可以到處走走，接觸不同的人，想像未來要怎麼佈置，才能打造自己理想的房子。但事前蒐集買房的相關資料卻是枯燥的，只能看著螢幕上的數字不停研究。然而，只要懂得善用網路工具，就可以事半功倍。

## 🏠 資訊量更完整的進階版：
## 　　民間實價登錄網站

　　我在〈3-3〉裡曾提到，官方實價登錄網站隱藏著一些缺點，一不留意，就可能導致誤判，如含車位之房屋交易，如果申報人沒有正確申報車位面積及價格，實價登錄網站將無法拆算出正確之單價，導致系統建坪單價偏離市價。

　　在使用介面上，官方的實價登錄網站也有一些改進空間。雖然有地圖模式可以確認房屋的相對位置及周邊的生活機能，地圖上卻未標示社區資料及交易價格，必須再進一步點選後，才能得知其他資訊。對消費者而言，無法一目了然所有的價格與資訊。

　　由於這些使用上的缺點，也因此出現了許多民間的實價登錄網站。這些進階加強版的實價登錄網站，不僅可透過系統自動推估扣除車位價格，自動拆算正確建坪單價，更為便利的操作介面，也能讓消費者更簡單地查詢實價登錄資料。

　　以下就來分享兩個民間實價登錄網站，並為大家簡述其功能與特色。

### 樂居

　　樂居是大家熟知的民間實價登錄網站，可透過地址或社區名稱搜尋實價登錄。圖形化的操作介面，提供了多種視覺化的資料呈現方式，針對令人詬病的單價未拆分車位問題，也利用系統推估方式解決，改進了多項官方實價登錄網站的使用問題。

　　在地圖模式下，可直接點選欲查詢之社區，即可得知該社區基

本資料及歷年實價登錄，與鄰近社區相互比價也十分方便。除此之外，還可進行大範圍的區域房價分析，了解縣市或個別商圈的價格趨勢。然而，其地圖介面所能查詢之實價登錄成交資料以大樓為主，如果是公寓產品只能以列表方式查詢，使用上的便利性稍有影響。

## 僑馥 ctopmap 行情地圖

僑馥 ctopmap 行情地圖一樣採取圖形化之操作界面，也解決了未拆分車位單價的問題，並且提供使用者更多操作的彈性，讓大家可依據個別需求，客製化搜尋想要的資訊。比方說，使用者可自訂查詢範圍，了解範圍內實價登錄成交價之平均數、標準差等房價行情統計。而距離測量功能，更可在地圖上直接測量成交案件至公園、醫院等重要地標之間的距離。

除了基本的實價登錄參考外，地標功能還可以看到周圍學區、嫌惡設施等消費者關心的重要地標。若開啟專業圖層，更可顯示

土壤液化、地質敏感區、順向坡、土石流等災害風險資訊。

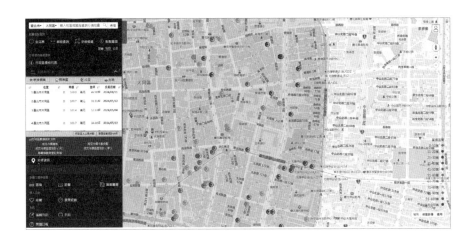

## 快速方便的估價選擇： 專業線上估價網站

　　一般人查實價登錄的目的，是為了瞭解最新的成交行情趨勢，作為買房或賣房價格的參考。但如果有些戶數很少的社區，近年來恰好沒有買賣紀錄，可能就查不到同社區的任何交易資料了，而多年前的成交價，其參考性也很低。此時，就只能依據周邊類似社區的成交價格，自己推算合理的房價，對不具房地產專業的一般人是比較辛苦的。

　　沒關係，我們還可以從「專業線上估價網站」來查詢。此網站透過房產專業人員建置的估價模型，簡單輸入房屋資料後，就可以用實價登錄大數據，直接幫你估算出合理的房價。對普通民眾來說，是更快速方便的選擇。

但要注意的是，線上估價網站雖然可以直接給出你想要的價格答案，然而線上估價網站的估價模型，是以一般房屋狀況進行評估，如果想買的房子本身，非屬一般正常房屋，例如屋況較差甚至本身就是凶宅等特殊狀況，就無法正確評估，因此，價格還是要以實際現況為準。以下將以「好時價 House+ 線上住宅估價平臺」為例，說明專業線上估價網站的使用方式。

## 好時價 House+ 線上住宅估價平臺

此平臺的特點是只要輸入地址，就能幫你估價！透過資料庫連結，系統自動帶入建物型態、坪數、屋齡、樓層、格局等房屋基本資料，使用者只須核對內容正確與否就好，這將大幅減少我們輸入資料的時間，一鍵按下之後即可評估。

然而，好時價平臺是付費網站，註冊成為會員後，一般會員只有每月 5 次的免費估價額度，但對一般買房民眾來說應該也足夠了。如果願意付費成為專業會員或商務會員，則可享受更多專業服務，不僅可下載書面報告，也能取得土壤液化、淹水區等更多災害風險資訊。

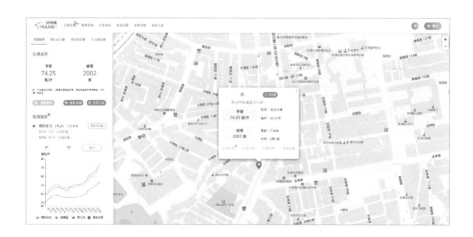

# 估價、貸款一站搞定：
# 銀行線上估價網站

　　說到買房子，大家最關心的不外乎是價格有沒有買貴，以及貸款能貸多少。如果買房子前有銀行能幫忙估價，不僅可以了解銀行眼中的合理房價，還可以順便評估房子可貸款多少錢，就能直接做到一魚兩吃。但世上真有這麼好的事嗎？銀行線上估價網站就能幫你實現，一次搞定估價與貸款，讓買房族擁有一站式的服務。

　　銀行線上估價網站在輸入資料時，會比「專業線上估價網站」稍微複雜一些，不只地址，還必須輸入坪數、屋齡、總樓層等房屋基本資料。最後產出的結果，也只有簡單的房價估值，以及周邊的實價登錄成交行情，不包含土壤液化、淹水等災害風險資訊。但免費估價加上同樣提供實價登錄行情，資訊量依然比傳統實價登錄網站更豐富。

---

**Point**

**銀行的最終房貸估價如何計算？**

要提醒大家的是，銀行的線上估價並非銀行決定房貸放款金額最終的估價結果，只是提供快速便利的價格參考而已。如果最後確定要向該銀行貸款，還是要以房貸專員確認後的估值為實際貸款依據。

因為考量到風險管控，銀行內規有特殊的風險減價規定。為了避免借款人無力還款，導致房屋法拍而造成銀行損失，銀行通常會以較為保守的方式去估算房屋的價值。不只是增建、裝潢都可能不列入估價，比較嚴謹的銀行甚至連陽臺過大或公設比過高，都會降低其房屋估值。這些都是要確認委託，取得詳細的基本資料，甚至到現場估價後，銀行才能仔細評估的。

而銀行線上估價網站產出的估價結果類型，以提供價格區間數值為主。以下挑選兩家銀行為例，提供大家做為參考。由於各銀行估價模型不同，大家可以多方測試，現階段皆是免費的。如果貸款條件適合，也可以直接線上申辦房貸，省時又省力。

## 中國信託智慧估價

　　中國信託智慧估價為文字加圖形之使用介面，查詢時需自行輸入地址、建物類型、屋齡、樓層、坪數及是否含車位等資料。針對部分知名社區，系統內已有建檔，只要輸入社區名稱，將自動帶入建物類型、屋齡及總樓層，後續僅需自行輸入樓層及坪數及車位資料即可，以減少輸入時間。

　　線上估價結果為區間數值，使用者需自行判斷該物件之合理價格。提供查詢結果時，可顯示系統估價金額，並於地圖上標示欲查詢之房屋位置。但地圖上並未同時顯示周邊之同性質實價登錄

案例，若欲比對其他實價登錄案例價格，須另行點選才行。

查詢時可由以下網址進入或掃描 QR Code：

https://www.ctbcbank.com/content/dam/minisite/
long/loan/ctbc-mortgage/estimated-map.html。

## 玉山銀行 e 指房貸試算平臺

玉山銀行 e 指房貸試算平臺為文字加圖形之使用介面，查詢時需自行輸入房屋型態、屋齡、門牌、坪數、樓層及是否含車位等資料，才能進行後續估價。

其線上估價結果同樣為區間數值，使用者需自行判斷該物件之合理價格。此平臺除了顯示系統估價結果外，也會同時於地圖上標示欲查詢之房屋位置以及周邊之同性質實價登錄案例。消費者可由案例之相對位置及條件差異，自行比對系統估值是否合理，使用上相當便利。

查詢時我們可由以下網址進入或掃描 QR Code：https://www.esunbank.com.tw/s/HouseLoan/Registration。

## 🏠 合理價格只是參考，<br>　最後的議價才是重點

　　讀完本節的內容，我們已經學會透過幾個免費估價網站的交叉比對，來預估想買物件的合理房價了，然而，在這之後還有很多功課要做，只算出合理房價是不夠的。估出合理價是買房時很重要的參考，但買房不是買便當，買賣雙方不會完全依照標準價格交易。試想一下，如果你是買方，能買得比合理價低，會想要拒絕嗎？反之，如果你是賣方，當然也會希望賣得比合理價高。這要怎麼做到呢？就要靠買房談判過程中的議價技巧了。

　　下一節，我將依據過去業界內部的實務教戰手則，分析仲介及賣方的定價策略、可能成本及談判心態，協助你擬定策略，在議價過程中為自己獲取最大利益。

# 該如何議價？
# 用談判技巧買到好價錢

　　當你經歷了千辛萬苦的看房過程，選到中意的房子，接下來，終於要進入最重要的議價階段。關於議價，通常一般人都有個迷思，以為買房議價的終極目標，是買到底價，也就是屋主願意售屋的最低價格。大家往往認為，如果買房砍價能夠殺到底價，一毛錢不加，就等於買到了最便宜的價格，而在這場交易中，自己就是得利的那一方，但事實真是如此嗎？

## 🏠 正確議價重點不在探底價，而是買到合理價

　　讓我們跳脫買方的角度，轉換一下立場，先來了解屋主委託房仲賣房時，底價設定的邏輯吧。當屋主想賣房時，通常心中都有自己想實拿的金額。但房屋成交價，並不是全部進到屋主的口袋，還須扣除其他成本，例如仲介費、土地增值稅及房地合一稅費，也需考慮買方的議價空間。

　　為了讓屋主能拿到預期想拿的數字，仲介公司銷售物件，是用屋主設定實拿金額為基準，加 4% 仲介費、概估土地增值稅及房

地合一稅費作為底價，再考慮 10% 議價空間，就是大家看到的開
價，可參考以下公式：

$$\text{物件開價} = \left.\begin{array}{c} \text{屋主實拿金額} + 4\% \text{ 仲介費} + \\ \text{概估土地增值稅及房地合一稅費} + \\ 10\% \text{ 議價空間} \end{array}\right\} \text{底價}$$

你發現其中的蹊蹺了嗎？賣房底價，是用屋主想實拿的金額作
基準，但這個數字與合理市場行情，很可能是兩回事。當屋主在
決定實拿金額時，一定會以鄰近最高價的實價登錄案件，作為賣
房的目標價。至於最低能接受的金額，則不會低於當初自己買房
的成本。

雖然這些最高價的實價登錄案件，可能社區條件更好、位於高
樓層或有裝潢，其實和屋主房子的條件並不相同，但屋主不一定
具備這樣的價格判斷能力，甚至單純只是因為貪心，認為別人能
賣這麼高，自己一定也可以。而仲介為了接案，即使屋主心中底
價明顯偏高，仲介也可能接受，只要在委託銷售的過程中慢慢說
服屋主，逐步下修底價就好。

當屋主期望底價高於市場行情，即使議價了半天，買到屋主底
價也還是買貴。所以，正確議價的重點不在探底價，而是如何買
到合理價。

## ⌂ 議價前最重要的事：
## 推測屋主成本及設定出價上限

《孫子兵法謀攻篇》說過：「知己知彼，百戰百勝。」唯有充分了解自己和對手，才能夠在談判中取勝。推測交易對手（屋主）的買房成本，並設定好自己的出價上限，是議價前必須事先準備的功課。

屋主的買房成本，是屋主賣房確保不虧損的底線。當遇到屋主缺現金急售的狀況，才有機會能以接近屋主當初買房成本的金額購入物件。當然，屋主通常不會把買房成本老實交代，但只要用簡單的方式就能推估得知。

假如屋主是在 2012 年 8 月實價登錄實施後才買房，而且當初交易價格沒有異常，就可以從實價登錄網站查詢到當初的成交價格。但如果屋主是 2012 年 8 月實價登錄實施前就已買房，則可以用房貸金額來推估成交價格。

在土地或建物謄本的他項權利部，可以查詢到「擔保債權總金額」。擔保債權總金額為銀行「實際房貸金額」的 1.2 倍。例如，若「擔保債權總金額」為 1,200 萬元，可計算出「實際房貸金額」為 1,000 萬元（1,200÷1.2=1000），若貸款為 8 成，就可推估當初成交價約 1,250 萬元（1000÷0.8=1250），公式整理如下：

$$\text{推估屋主成交價} = \frac{\text{擔保債權總金額} \div 1.2}{\text{貸款成數}\,(\text{通常為}\,0.8)}$$

再來，我們得設定好出價上限，確認自己買房出價的最高金額，因為在買房過程中，房仲會利用各種話術不斷地催促你加價，如果沒有先設定出價上限，在錯失恐懼的情緒下，很容易會不理性地加價。

首先，我們可運用前面章節所提到的估價技巧，參考實價登錄及銀行估價，評估你想購買之物件的合理價格，然後以此為基準，配合目前房市的景氣狀況，來設定出價上限。當房市正熱，買房競爭者多，買價通常必須高於實價登錄才能買得到房，卻也可能導致銀行貸款估不到這個價位。此時，出價上限可採取「自備款支付能力加價法」，即以支付能力為判斷基準，考量能額外負擔之自備款來訂定，但以目前房市正緩慢降溫的現況，已無需過度追價，建議最高上限不超過實價登錄合理價格加上 5%。

例如，有間房子開價為 1160 萬，社區實價登錄合理行情為 1000 萬，銀行參考實價登錄，貸款 8 成為 800 萬。自備款原規劃 2 成為 200 萬，考慮到個人支付能力後，最多自己只能多準備自備款 50 萬，自備款上限調整為 250 萬。再加上銀行貸款 800 萬後，出價上限就可訂為 1050 萬。

假若未來房市正式轉空，沒什麼人要買房，屋主期望價格也變得較低，就可採取更為保守的策略，以實價登錄合理價格為出價上限。

# 議價應有心態和出價技巧：臉皮要厚及遞減加價

買房議價說穿了就是一場心理遊戲，事前必須先充分了解仲介及賣方的心態，以及在談判過程中可能運用的話術，並模擬各種議價情況。

與仲介溝通時，請在心中牢記一個首要原則：臉皮要厚。千萬不要怕被拒絕，而不敢開口。在仲介公司內部的教戰守則中，「拒絕」本來就是必要手段。唯有透過拒絕，才能塑造價格的堅不可催，你才不會覺得買貴而願意加價。

即使你的出價已經達到賣方底價，仲介還是不會立即答應，同樣會裝出很為難的表情，表示要向屋主確認，甚至要求你得相對在其他條件上讓步。在雙方你來我往、相互拉鋸之後，才會同意你的出價。

若橫豎都會被拒絕，不如為自己多爭取一點。有時候，勇敢多說幾句話，可能就多獲得一臺冷氣，或減價好幾 10 萬，沒有比這個更划算的事了。記住，在房地產交易的過程中，溫良恭儉讓並非美德，不必當個沒有意見的好客戶。

如果你依然覺得有困難，也可多帶一位親友共同看房，各自扮演黑白臉角色。個性較為強硬的，負責在看房過程中挑毛病，藉以爭取價格；個性較為親和的，負責維護關係，讓交易過程不會破局。軟硬兼施才能為自己爭取到最大利益。

而加價方式，也是有技巧的。當你心中評估好合理房價，設定了自己的出價上限，請切記一個重要原則：

　　這樣一來，才能讓屋主認為這個加價得來不易，也把你的支付能力榨乾，覺得價格已經加到不能再加了。運氣好的話，有時未必需要出價到心目中的設定出價上限，就可以買到房子了。我們以下列表格的案例來帶大家實際演練一次。

| | |
|---|---|
| **房屋開價** | 1160 萬 |
| **社區實價登錄合理行情** | 1000 萬 |
| **你心中設定的出價上限** | 1050 萬 |
| **建議首次出價金額**<br>（依實價登錄合理價減 5%） | 950 萬 |
| **加價順序**<br>（加價幅度逐次遞減） | 995 萬　（加價 45 萬）<br>1025 萬　（加價 30 萬）<br>1045 萬　（加價 20 萬）<br>1050 萬　（加價 5 萬） |

## 🏠 議價目的，是為了以合理價買房，不是較量談判技巧

　　最後提醒一件事，我們議價的目的，是為了以合理的價格買到房子，而不是比較買方或賣方誰的談判技巧更好。畢竟順利成交

才是贏家，如果沒買到房子，就算價格砍得很過癮也毫無意義。

因此，將成交價格控制在合理區間就好，不需要執著得壓到全社區最低價。以長期持有的角度來看，未來的房價增值，其實已經足以涵蓋微小的議價差異了。

當你因為不是買到最低價而放棄交易，損失的不只是喪失了未來賺取增值的機會，更沒有辦法住進理想中的房子。能買到心目中的夢想小窩、和重要的人在其中一同生活，才是真正無價的。

# 如何破解誤導人的實價登錄？

買房時，通常銷售人員都會提供實價登錄成交行情，作為買方出價的參考。這是因為依據不動產經紀業管理條例第 24-2 條規定：

經營仲介業務者……得同時接受雙方之委託，並依下列規定辦理：一、公平提供雙方當事人類似不動產之交易價格……

經營仲介業務者原本就有義務提供交易時之不動產交易價格資訊，使買賣雙方都能了解市場最新價格，才能在具備充分資訊的情況下完成交易。立法目的是為了避免同時接受買賣雙方委託的仲介，偏頗其中一方，並從中獲得不當利益。

你可能會想，政府的實價登錄資料經過篩選，公平性及正確性當然毋庸質疑，買房出價只要參考實價登錄再往下打個折，就一定不會吃虧了。但老江湖都知道，如果參考資料是假的，很容易就被識破。想要騙人，大多要三分真，七分假。你對實價登錄的信任，有時恰好成為被利用的弱點。

桌上一疊厚厚的實價登錄資料，加上被關在小房間裡，在時間壓力以及刻意營造出的成交氣圍下，你可能會在不知不覺間參考了不適合的實價登錄來出價，就算雙方你來我往、議價半天，最後還是出了一個超出行情的價格。

接下來，我將依據過去從事不動產估價的實務經驗，幫大家破解5 種最容易誤導人的實價登錄。

## ●舊社區用新建案來比

臺北市新房子單價賣到上百萬，而中古公寓則價格可能落在60~70萬；新建案與中古屋會因為建材、屋齡、管理等社區基本條件不同，產生巨幅的價差。如果你要買的是中古屋，參考的卻是新成屋的實價登錄，就算是對面社區成交價，剛剛成交且距離超近，當然會造成你不小心買貴。

## ●無裝潢用帶裝潢來比

現在房屋裝潢動輒數百萬起跳，當屋主出售帶裝潢的房子，為了彌補本身裝潢費用支出，價格必然比無裝潢的相同戶別貴上不少。要怎麼確認實價登錄成交價是不是帶裝潢？查詢內政部實價登錄時，只要點擊交易明細，再看「備註」，就可以確認這筆成交價是否包含裝潢費用了。

## ●老商圈用精華區來比

估價有所謂「同一供需圈」的概念，當你想買某個商圈的房子，必然是喜歡當地的生活環境，才會有興趣購買。當距離太遠，區域條件完全不同，房地產供需就不存在相互替代的關係了。例如同樣是中正區門牌，仁愛路與廈門街價格卻是天差地遠。當你參考的成交案例，跟想買的房子距離太遠，由於商圈與環境性質大不相同，價格其實已經沒有參考性了。

## ●無加蓋用有加蓋來比

買老公寓頂樓，頂樓加蓋是十分常見的狀況。買一層直接送一層，不管自住或租人都很好用，整體使用效率也提升不少。雖然頂樓加蓋屬於違建，權狀無法登記，但價格還是會反映使用效益，必

然高於無加蓋的頂樓物件。當你想買無加蓋的頂樓，記得別參考有
加蓋的頂樓成交價格來出價。

## ● 非店面用金店面來比

　　同樣是一樓，外觀看起來雖然一樣，但只能作純住宅的一樓，與
可店面使用的一樓，兩者的價差相當大。俗話說「一鋪養三代」，
一樓金店面帶來穩定的租金收益，足以讓後代子孫不愁吃穿。但不
是所有的一樓都能當店面，業種也有限制，土地使用分區必須符合
法令，謄本登記用途更應留意。買一樓千萬要仔細查詢，不然很容
易踩到雷！

　　如同〈3-4〉提過的原則，當我們用「比較法」評估合理房價時，
最重要的條件在於找到有參考價值的成交案例價格。若以錯誤且不
具可比性的實價登錄案例來出價，就可能白白浪費一筆辛苦錢了。

# Chapter 4

# 避雷選房祕訣

## 讓你住得安心的魔鬼細節

# 買房應避開哪些嫌惡設施？

在尋找另一半的時候，通常大家會避開有負面特質的人，像是自私、花心或有暴力傾向等，買房其實也一樣，假若房屋周邊，有一些像高壓電塔、墳場等對住家環境造成影響的負面設施，不僅會導致居住品質受到影響，甚至連房價都會被牽連而下跌。

前面提到的負面設施，就是大家曾經聽過的「嫌惡設施」。每個人多多少少對「嫌惡設施」都有些概念，但彼此之間的認定可能不太一樣。以下我將依據過去協助銀行房貸估價的實際經驗，與大家分享可能影響房價的「嫌惡設施」是哪些，以及買房前應該透過何種方式初步篩選，才能避開周邊有「嫌惡設施」的房子。

## 🏠 銀行眼中的嫌惡設施
## 大•揭•密

嫌惡設施又稱為「鄰避設施」，就是那些會影響到生活品質或居住安全，導致大家不希望設置在自己家後院，鄰居也避之唯恐不及的設施。但針對嫌惡設施的種類，始終欠缺統一的定義。

在內政部發布之「不動產說明書應記載及不得記載事項」，其中規定了應記載事項：

> 周邊半徑 300 公尺範圍內之重要環境設施，包括：公（私）有市場、超級市場、學校、警察局（分駐所、派出所）、行政機關、體育場、醫院、飛機場、台電變電所用地、地面高壓電塔（線）、寺廟、殯儀館、公墓、火化場、骨灰（骸）存放設施、垃圾場（掩埋場、焚化場）、顯見之私人墳墓、加油（氣）站、瓦斯行（場）、葬儀社。

在以上所列舉的「重要設施」中，飛機場、殯儀館等，很明顯是對居住環境是有不良影響的，但官方其實並沒有稱其為嫌惡設施。而市場、學校、醫院等設施對生活品質造成的影響，到底是正面還是負面則見仁見智。

**Point**

**學校算嫌惡設施嗎？**

有人覺得學校為「嫌惡設施」，是因為學校的鐘聲太吵雜，家長為了接送小孩上下課所帶來的車潮又會造成交通阻塞。但位於學校旁，不僅孩子上學方便，等下課校園開放以後還有體育場可做為免費運動的場所。更別說如果是明星學校，對於房價更有大幅加分的效果。

如果要對「嫌惡設施」做個定義，我建議可以參考銀行規定，惟有對銀行貸款造成實際影響的，才應被稱為「嫌惡設施」。銀行對此類設施的認定，會決定貸款金額高低，最後也將間接對房價造成影響。簡言之，「嫌惡設施」應該是銀行說了算。

接著，就來分享一下第一手的實務心得供大家參考。當然每家銀行的認定可能不會完全相同，但其內容大同小異，仍有其共通

的原則。一般銀行內部評估貸款金額時會扣分的「嫌惡設施」，依據其性質可大致區分為 3 大類：影響生活品質、妨害公共安全，以及建築風水瑕疵（如下表）。

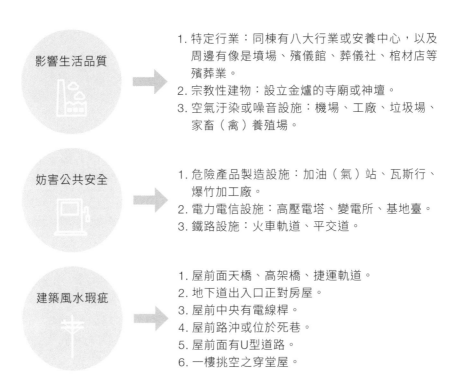

| 影響生活品質 | 1. 特定行業：同棟有八大行業或安養中心，以及周邊有像是墳場、殯儀館、葬儀社、棺材店等殯葬業。<br>2. 宗教性建物：設立金爐的寺廟或神壇。<br>3. 空氣汙染或噪音設施：機場、工廠、垃圾場、家畜（禽）養殖場。 |
| 妨害公共安全 | 1. 危險產品製造設施：加油（氣）站、瓦斯行、爆竹加工廠。<br>2. 電力電信設施：高壓電塔、變電所、基地臺。<br>3. 鐵路設施：火車軌道、平交道。 |
| 建築風水瑕疵 | 1. 屋前面天橋、高架橋、捷運軌道。<br>2. 地下道出入口正對房屋。<br>3. 屋前中央有電線桿。<br>4. 屋前路沖或位於死巷。<br>5. 屋前面有U型道路。<br>6. 一樓挑空之穿堂屋。 |

理解了嫌惡設施的 3 大類別之後，接下來分別說明一下哪些細節需要特別留意。

## 影響生活品質的嫌惡設施

臺灣都市的土地利用，並未將住宅與商業用途做嚴格的劃分，在住宅區內四處可見各類商業使用。雖然比較方便，但部分商業

利用，由於其性質與居住行為彼此衝突，會對周邊環境造成衝擊。而住宅區中的寺廟或小型神壇，密度之高更是臺灣的特色。前述這些對於鄰近住家的居住舒適性及安全性都會造成影響。

影響生活品質的嫌惡設施，可細分如下，第一種是產品或服務特殊，出入人員複雜，影響住家私密性或對心理造成不適之特定行業。例如同棟有八大行業可能吸引特定人群聚集，增加治安隱憂。同棟若有因為安養中心而頻繁進出之救護車，對於住戶將造成心理壓力。如果視野內可見墳場，或住家周邊 100 公尺內有殯儀館、葬儀社等殯葬相關行業，也容易讓人感到不安。

第二種則是常舉辦宗教活動，產生人潮、車潮、噪音甚至空氣汙染之宗教性建物。指住家周邊 50 公尺內有設立金爐的寺廟或神壇。特定節慶或活動期間，寺廟或神壇可能產生較大的噪音，而燒香或焚燒紙錢，對周邊的空氣品質也將造成影響。

第三種是會產生空氣或噪音污染之特殊設施。包含每日或固定週期發生，室內可聽到噪音的機場、工廠及室內可聞到異味的垃圾場、家畜(禽)養殖場。機場飛機起降、工廠機械運轉，會產生較大的噪音。工廠排放廢氣、垃圾場的惡臭、家畜養殖場產出的氨氣等，也會導致空氣品質惡化。

## 妨害公共安全的嫌惡設施

在各類嫌惡設施中，妨害公共安全的設施是最需要關注的。因其不僅會造成心理上的不適，更可能對鄰近居民的安全造成實質危害。由於具有潛在的危險性，將對周遭居住環境產生更大的影響，因此我們在看房時，應該特別留意這一類設施。

妨害公共安全的嫌惡設施，可進一步分為 3 種，其一是涉及易燃易爆物之危險產品製造設施。例如住家周邊 100 公尺內有加油（氣）站、瓦斯行、爆竹加工廠，因其具有潛在的危險性，一旦發生火災或爆炸意外，將帶來嚴重的人員傷亡和財產損失。

其二是有電磁波疑慮之電力電信設施，指住家周邊 100 公尺內有高壓電塔、變電所，或是同棟屋頂上有基地臺。雖然目前並無確切的科學證據證明電磁波會導致癌症或其他疾病，但仍有不少人對此感到疑慮。由於民眾對電磁波的擔憂，仍會對居住環境造成心理上的影響。

其三是對居住安全產生影響之鐵路設施，如住家周邊 50 公尺內有火車軌道或平交道。火車經過時的轟鳴聲，以及平交道柵欄升降的聲音，會嚴重干擾居民的睡眠品質和生活安寧。平交道口偶有車禍事故發生，居民過馬路時也要特別小心安全。

## 建築風水瑕疵的嫌惡設施

在臺灣買房，除了房屋實質的硬體條件外，風水因素也常列為評估時的考量因素。雖然風水學說眾說紛紜，並無絕對的科學依據，但從心理學的角度來看，它們多少還是會對住戶產生一定的心理影響，進而左右房價及房屋的接手性。

建築風水瑕疵之嫌惡設施，例如房屋前方面天橋、高架橋、捷運軌道之「攔腰煞」、地下道出入口正對房屋之「暗口煞」、屋前中央電線桿之「頂心煞」、屋前路沖或位於死巷、房屋前面 U 型道路之「反弓煞」、及一樓挑空之穿堂屋等，都是常見的風水瑕疵。

這些風水煞對居住環境的影響更多來自於心理層面，買房更重要的是考量房屋的實質條件，例如地點、交通、採光、格局等。若真的在意，都可以透過簡單的方法來化解，如路沖的屋內可在門前放置屏風、盆栽等遮擋物。

## 快速查詢嫌惡設施的 3 個小方法

前面提到的幾種嫌惡設施，對居住者的身心健康、安全、房價都可能造成負面影響。因此，在購屋前最好仔細查詢周邊是否有嫌惡設施。透過以下查詢方式，可以有效地避免買到周邊有嫌惡設施影響的房屋。

### 使用線上地圖服務

可使用 Google 地圖等線上地圖服務，搜尋「嫌惡設施」之相關關鍵字，例如輸入區域以及「垃圾場」、「加油站」、「變電所」等。地圖服務會顯示區域周邊的嫌惡設施位置，並提供詳細地址等相關資訊。

### 查詢實價登錄網站

在本書〈3-3〉曾經提到，內政部的實價登錄網站，有提供「嫌惡設施」之查詢功能。只要點選成交個案交易明細中的「周邊設施」，可以顯示該案件鄰近公墓、加油站、垃圾焚化廠等「嫌惡設施」的相對距離。

**現場實地勘查**

最後一點最重要，用腳實地走過一遍最準！只要在房子周邊走一圈，就可以清楚了解周邊有沒有嫌惡設施，並實地感受是否會受到空氣汙染或噪音的影響，也可跟街坊鄰居聊聊，畢竟當地居民通常對周邊環境更為熟悉，可能還會告訴你一些有用的小八卦。或是，你也可以實際步行到最近的捷運站或火車站，觀察是否會經過常有砂石車出入的路段、人行道是否有退縮、有沒有較為陰暗無人的暗巷，或是地圖上並未標示的小型神壇、個人住家設置的小型資源回收等等。

## 先考慮嫌惡設施對房價影響，再以個人感受判斷

雖然針對哪類設施會影響居住品質，每個人有不同的感受。但近年來，「嫌惡設施」的定義卻被許多媒體擴大解釋。最誇張的，是連公園或是里長伯家也被形容為嫌惡設施，而這樣判定其實太過主觀了。所以，建議大家可以參考本節的定義，先確認周邊是否有可能會影響房價的「嫌惡設施」，至於其他設施，就得靠個人感受來思考自己能否接受。

除了考量房屋本身的條件外，周邊環境的好壞也會直接影響居住品質。嫌惡設施所造成的噪音、污染、安全疑慮等，不僅會降低居住的舒適度，更可能影響到身心健康。畢竟房子住得開心最重要，在購屋前別忘記查詢周邊是否有嫌惡設施喔！

# 如何避免買到凶宅？

「凶宅」這個詞對許多人來說，總會聯想到一絲神秘和恐懼。這些發生過非自然死亡事件的物件，雖然外觀看起來與一般正常房屋沒有差別，但由於擔心會遇到靈異事件，或認為會影響居住者的運勢，導致這些凶宅的轉手性往往較差，房價也比同類型的房屋低許多，甚至可能完全賣不出去。

那究竟怎麼樣的房子算是凶宅呢？比方說，如果有人在社區中庭跳樓，整個社區都會變凶宅嗎？若是有人在家中因病過世呢？或者死亡事件發生在 20 年前，該物件依然是凶宅嗎？以下我將從實務觀點，與大家分享判別凶宅的方法，以及如何降低買到凶宅的風險。

## 🏠 有人過世也不一定是凶宅？
## 凶宅跟你想的不一樣

針對「凶宅」的概念，一般通常是把曾經發生過非自然死亡事件（例如：兇殺、自殺等）的房屋認定為凶宅。但法律上並沒有給出一個非常明確的名詞定義，只有在官方各類解釋函令中對其

意涵有過相關說明，我將其整理如下表。

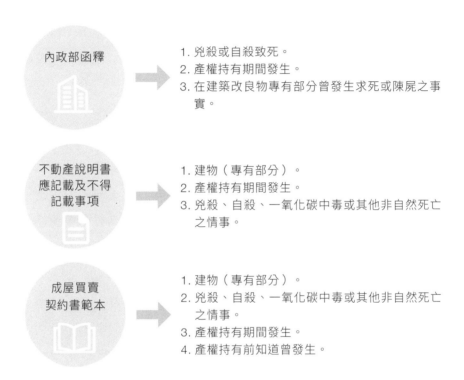

內政部函釋 → 1. 兇殺或自殺致死。
2. 產權持有期間發生。
3. 在建築改良物專有部分曾發生求死或陳屍之事實。

不動產說明書應記載及不得記載事項 → 1. 建物（專有部分）。
2. 產權持有期間發生。
3. 兇殺、自殺、一氧化碳中毒或其他非自然死亡之情事。

成屋買賣契約書範本 → 1. 建物（專有部分）。
2. 兇殺、自殺、一氧化碳中毒或其他非自然死亡之情事。
3. 產權持有期間發生。
4. 產權持有前知道曾發生。

目前實務上對凶宅的認定，主要是參照內政部 2008 年 7 月 24 日內授中辦字第 0970048190 號函釋：

查本部訂頒之不動產說明書應記載事項，尚無應記載「凶宅」事宜，且「凶宅」非為法律名詞。惟按本部 92 年 6 月間公告修正之「不動產委託銷售契約書範本」附件一「不動產標的現況說明書」項次 11 內容：「本建築改良物（專有部分）於賣方產權是否曾發生兇殺或自殺致死之情事」，係指賣方產權持有期間，於其建築改良物之專有部分（包括主建物及附屬建物），曾發生兇殺或自殺而死亡（不

包括自然死亡）之事實（即陳屍於專有部分），及在專有部分有求死行為致死（如從該專有部分跳樓）；但不包括在專有部分遭砍殺而陳屍他處之行為（即未陳屍於專有部分）。

依據內政部前述的函釋內容，「凶宅」必須符合 3 個基準：

- 兇殺或自殺致死。

- 產權持有期間發生。

- 在建築改良物專有部分曾發生求死或陳屍之事實。

其中，比較具有爭議性的，當屬「產權持有期間發生」一項。因為就一般人的認知，只要發生過非自然死亡事件，就是凶宅，並不會因為不在屋主持有期間發生就可排除。

深究當初政府針對該項函釋之真意，應該是為了避免賣方填寫資料時，難以向前手求證是否為凶宅，才會特別註明「持有期間發生」。但在限定持有期間才算凶宅的定義下，也讓一些民眾有了鑽法律漏洞的想法。即使買到曾經發生過非自然死亡案件的房子，只要設法轉手，反正不是在持有期間發生，於不動產說明書中也就無需勾選告知，在沒人知道的情況下，凶宅也就被成功洗白了。

之後，內政部為此做出一些調整，在 2023 年公告修訂之「成屋買賣定型化契約應記載及不得記載事項」及「成屋買賣契約書範本」附件一「建物現況確認書」項次 7 內容：

本建物（專有部分）是否曾發生兇殺、自殺、一氧化碳中毒或其他非自然死亡之情事。並請賣方確認於產權持有期間有無曾發生上列情事。及於產權持有前，有無發生或知不知道曾發生上列情事。

在前述定型化契約內容中，賣方對「凶宅」的說明義務已不再限定在持有期間發生，也將兇殺或自殺致死之條件擴大為「兇殺、自殺、一氧化碳中毒或其他非自然死亡」之情事。

了解內政部官方對於「凶宅」的定義後，你可能會好奇，司法實務的觀點為何呢？參考過去判例對於凶宅之認定，法官通常是參考法院過去見解，包含屋主是否知情、房屋瑕疵對權益之影響程度等實際狀況進行判決，而非完全以內政部函釋的基準進行判定。而在法拍屋部分，由於過去曾發生民眾標下法拍屋後，才發現是凶宅導致鉅額損失之案例。強制執行法也進行修訂，依該法第 81 條第 2 項第 1 款規定：

前項公告，應載明下列事項：一、不動產之所在地、種類、實際狀況、占有使用情形、調查所得之海砂屋、輻射屋、地震受創、嚴重漏水、火災受損、建物內有非自然死亡或其他足以影響交易之特殊情事及其應記明之事項。

因此，針對法拍屋是否為凶宅，只要是建物內曾發生非自然死亡，即需於法拍屋公告中載明，也並未限定在被拍賣屋主持有期間發生才需告知。

Test
**凶宅判定小測驗**

有了基本概念後，以下提供一些法院判例，大家可以試著測驗看看。

**Q. 賣方 10 幾年前標了一間法拍屋，法拍公告載明前屋主攜其年幼子女在屋內自殺身亡。賣方持有期間則無任何事故。賣方於銷售契約所附標的現況說明書未勾選凶宅，這樣算凶宅嗎？**

A. 依法院判決結果，賣方於當初取得時即已明知有人曾在屋內自殺，卻未於現況說明書告知買方，雖然持有期間未發生非自然死亡案件，仍屬凶宅。

（接下頁）

Test

**Q.** 某社區有人跳樓輕生，由9樓跳至2樓露臺，但墜樓時尚未斷氣，經救護車送至醫院急救後在醫院宣告死亡。2樓是凶宅嗎？

**A.** 判決依診斷證明書及目擊證人之證述，堪信墜樓後並未於2樓當場死亡，而是經急救後於送醫途中死亡，由於既非當場死亡，2樓房屋自非凶宅。

**Q.** 房客於租屋處飲酒導致死亡，並於死亡1個月後始遭發現，造成一般人嫌惡畏懼心理。這樣是凶宅嗎？

**A.** 判決依法醫研究所鑑定報告書，租客係重度脂肪肝、肝功能衰竭死亡，死亡方式應屬病死。而獨居自然死亡實屬常見，也無法因陳屍將近1個月，即認為有物之瑕疵，故非凶宅。

　　此外，補充另一種大家經常問到的情況，有些建案在施工過程中，曾發生工人失足墜樓或設備故障致死等工安事故。此類「事故建案」，由於不符合基準要件，實務上並不算凶宅。（但如果心中還是有點介意，後續將告訴大家該怎麼避開。）

## 凶宅怎麼查？
## 教你查出凶宅和事故建案

　　購買房屋是人生大事，誰都不想買到一間住起來讓人心驚膽顫的房子。買到凶宅不僅對心理造成影響，也可能造成實質財產損失。那麼，該怎麼做才能降低買到凶宅的風險呢？以下提供幾個實用的方法：

### 書面文件確認

　　依照內政部規定，賣方必須在「不動產說明書」如實告知房屋

是否曾發生非自然死亡事件。而幾家房仲業龍頭，應都有針對「凶宅」社區建檔，如果有影響，將會在不動產說明書中以文字說明。因此，我要提醒大家的是：

> ## 買房前，請務必仔細閱讀不動產說明書。

雖然屋主不一定誠實，但重點在於未來必須進行法律程序時，這就是具體證據，可用來主張你的權利。

### 利用網路搜尋

利用社區關鍵字，至社群媒體或新聞網站上搜尋，確認是否有發生過相關事件。透過文字敘述甚至街景照片，其實是看得出蛛絲馬跡的。此外，網路上也有一些凶宅查詢網站可做為參考，如「臺灣凶宅網」。但由於資料並未先行核實，因此其中的準確性需再確認。

### 詢問左鄰右舍

親自到房屋現場，試著和比較友善的鄰居或里長聊聊，可以了解房屋過去的狀況，以及是否發生過特殊事件。長期居住在附近的鄰居可能知道房屋的歷史，里長也通常對社區內發生的重大事件有所了解。

最後，針對前面提到發生過工安事故的「事故建案」，要如何

得知呢？可至「勞動部重大職業災害公開網」的「地圖查詢」頁面（網址為 https://pacs.osha.gov.tw/4361/3481/）來進行搜尋。建案工地發生職災死亡，便屬於「重大職業災害」。為了提升勞工安全，凡是發生過「重大職業災害」的建案，政府都有輸入資料庫以供民眾查詢。所以全臺出過事的建案，在這個資料庫裡都無所遁形。

查詢方式也非常簡單，進入「地圖查詢」之後有 3 種方式：

- 查「行政區」，輸入縣市及鄉鎮市區。

- 查「事業單位」，可用建商或營造商名稱進行查詢。

- 以「地址」來查詢。輸入後點選查詢，右側地圖就會出現「事故建案」資料了。

① 可選擇行政區、事業單位、地址 3 種方式來查詢。

② 資料輸入完成後點選「查詢」。

# 凶宅查詢不易，
## 善用法律途徑保障權益

　　凶宅、輻射屋、海砂屋，這 3 類的房屋瑕疵並不相同，對於買方的影響主要來自於心理因素。雖然大部分人無法接受，但擔憂的程度因人而異，甚至有些人可能因宗教因素並不在意，低廉的房價反而成為另一種優點。買屋前，建議大家可以根據自己的情況和想法來做決定。

　　由於凶宅定義並沒有明確的法律規範，我們只能依據內政部函釋和法院判例進行判斷，但其中還是存在著許多的模糊地帶。實務上，因為相關資訊難以取得，即使事前以各種方式調查，也無法完全保證買到的房子並非凶宅。如果不小心買到，我們只能透過法律途徑主張解約或賠償，來保障自己的權利。

# 4-3

# 什麼是輻射屋？
# 如何避免買到輻射屋？

在新聞中經常可以看到，居民抗議電信業者在住家附近裝設基地臺。雖然目前並無充分證據證明，基地臺會對人體健康造成危害，而且政府對於基地臺的輻射強度有嚴格的規範，可確保輻射量在能接受的安全範圍內。但民眾對基地臺還是普遍抱持著負面的刻板印象，認為運作時產生的電磁波將增加罹癌風險。

事實上，與其煩惱基地臺，更應該擔心臺灣有些房子本身就是使用受到輻射污染鋼筋建造的，買到這樣的房子，就像住在超大型的醫院 X 光室裡，這種房子就是俗稱的「輻射屋」。那麼，輻射屋到底是如何造成的？對於健康將帶來哪些影響？要透過什麼方式才能查詢得到呢？

## 輻射分兩種，影響大不同？
## 怎樣才算輻射屋？

在介紹輻射屋的定義之前，先來了解輻射是什麼。很多人一聽到輻射，腦中第一個浮現的是核能、危險、致癌等負面的印象。但其實在我們的日常生活中，周圍原本就充滿了各式各樣的輻

射，也不見得全部都是危險的。

　　輻射，簡單來說是一種能量的傳播方式，可以是波或粒子的形式。輻射又分為以下 2 種類型：游離輻射、非游離輻射，它們的區別主要在於能量的高低，對人體的影響也不盡相同。

| 游離輻射 | | 非游離輻射 |
|---|---|---|
| 此類輻射能量非常高，其能量強到足以破壞生物細胞分子，必須小心防護。若長期暴露在高劑量的游離輻射下，可能會導致癌症、白血病等疾病。其種類包含伽馬射線、X光、中子射線等。X光、核子反應爐等放射性物質都屬於游離輻射之一。而我們照X光時必須穿上防護衣，就是為了避免受到游離輻射的影響。 | V.S | 此類能量較低，不會像游離輻射般使物質產生游離作用，因此不會破壞生物細胞分子。又可分為有熱效應的非游離輻射，能量低但會有發熱效應，可使溫度升高（如：微波、可見光、紅外線）；以及無熱效應的非游離輻射，熱量更低，不會使溫度升高（如：基地臺之電磁波、無線電波）。 |

　　而我們日常生活中微波爐、吹風機、手機、基地臺等常見的儀器設備，所產生的電磁波其實是屬於「非游離輻射」，對人體相對影響較小。

　　以基地臺產生的電磁波為例，依據國家通訊傳播委員會之「行動通信基地臺電磁波問答集」，明確指出基地臺所發射電磁波屬於「非游離性」，而且經學術研究單位調查後證實，國內基地臺電磁波的功率都在國際標準值以內，對人體不會造成危害。

　　而具危險性的「游離輻射」對健康會造成什麼影響呢？如果在

短時間內暴露在高輻射劑量下，將使骨髓中白血球生成異常，並可能發生落髮、體重減輕、意識不清、疲倦、傷口較難癒合等症狀，甚至造成死亡。基本上，身體在接收到較低的輻射劑量之後仍有自行修復的能力，但仍會對人體細胞的 DNA 帶來損害，若長期暴露在輻射環境中，可能會增加罹癌的風險，如血癌、肺癌、乳癌等，下一代畸形胎兒的發生率也可能比其他人更高。

在對輻射有基本概念之後，我們可以了解到，那些值得擔心、真正會傷害人體健康的輻射，其實是游離輻射。而輻射屋之所以可怕，正是因為游離輻射的影響。

輻射屋，指的是在房屋建築過程中，不慎使用受到游離輻射物質汙染的鋼筋建材，以致房子帶有輻射性。而這些放射性物質將持續不斷釋放高能量的游離輻射，對人體健康造成潛在威脅。而依據「放射性污染建築物事件防範及處理辦法」第 8 條提到：

對於遭受放射性污染達年劑量 1 毫西弗以上之建築物，並應造冊函送該管直轄市、縣（市）地政主管機關將相關資料建檔，並開放供民眾查詢。

因此，只要遭受放射性污染達年劑量 1 毫西弗以上之建築物都能查詢得到。後續會再告訴大家要如何操作。

根據行政院核能安全委員會調查，所有現在已經被發現的輻射屋，其興建日期都是在 1982 ～ 1984 年，使用執照核發日期則是在 1982 年 11 月～ 1986 年 1 月之間。為什麼是發生在這個特定時期？這些被輻射汙染的鋼筋又來自哪裡呢？以下聽我分享個小故事。

1985 年臺北民生社區的啟元牙科在裝設 X 光機時，機器尚未通電就檢測出強烈輻射。後來進行 X 光檢測，才發現輻射來源來自於建築物本身的鋼筋。經核能安全委員會事後追查，研判這些輻射鋼筋來自於中壢市的欣榮鋼鐵廠。

鋼筋受汙染的原因，應是該廠回收的廢鐵原料夾雜「鈷 60」放射物質，被一併熔製成輻射鋼筋。核能安全委員會並依據其銷貨帳冊，判斷污染鋼筋可能流向 1982~1984 年間興建之建物。如果你想買這段期間蓋的房子的話，記得要稍微留意一下。

Point

**如果發現自己的房子是輻射屋，該怎麼辦？**

依據「放射性污染建築物事件防範及處理辦法」，以遭受汙染之年劑量分類，有政府收購、發放救濟金及拆除重建三種處理方式。

建築物遭受放射性污染時之年劑量達 15 毫西弗以上，得向主管機關申請依合理價格收購；年劑量在 5 毫西弗以上者，得向主管機關申請一次救濟金。而年劑量在 5 毫西弗以上者，除了前述措施外，在未能改善或未完成改善前，依房屋稅條例之規定，還能向當地主管稽徵機關申請減免房屋稅。

結構獨立之放射性污染建築物，於發現時之年劑量達 1 毫西弗以上者，則得申請當地政府評定宜予拆除重建。政府並將給予容積獎勵，得依原建蔽率重建，並得於原規定容積率或原總樓地板面積 30% 內，適度放寬其限制。

如果無法以拆除之方式處理，也可就房屋結構物理改善，採用裝設鉛板阻隔輻射，或是直接抽換受汙染鋼筋，來減輕輻射影響程度。

## 🏠 輻射屋該怎麼查詢？

輻射線看不見、摸不著，不僅會對房屋的接手性造成影響，還會對居住者的健康產生極大威脅。如果擔心買到輻射屋，我們可

透過下列方法先進行確認，以保障自己的健康和財產安全。

## 政府單位查詢

核能安全委員會設有「現年劑量達 1 毫西弗以上輻射屋查詢系統」，但查詢範圍僅限查詢 1982~1984 年間建造，且現況年劑量仍達 1 毫西弗以上之輻射屋地址；至於前述年份，受汙染劑量在 1 毫西弗以下之建物，則可致電核能安全委員會查詢。

現年劑量達 1 毫西弗以上輻射屋查詢系統（網址為 https://ramdar.nusc.gov.tw/）。如下方畫面，輸入「地址」後點選查詢，就會出現結果了。

① 輸入「地址」及驗證碼。

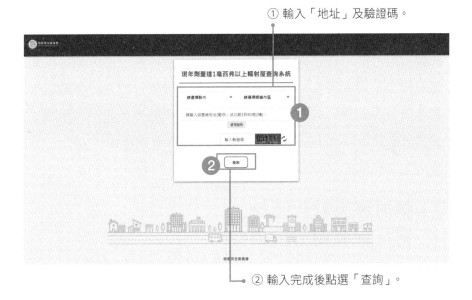

② 輸入完成後點選「查詢」。

核能安全委員會網站除了可用網路查詢 1982~1984 年間之輻射屋外，針對尚未獲屋主同意完成建築物輻射偵測，但有輻射屋之虞者，會將其列為「有遭受放射性污染之虞建築物」，並造冊建檔，大家可於網站中下載清冊。

## 委託民間業者

因政府輻射建物普查範圍，僅限 1982~1984 年間建造之建物。若對其他年份建造或完工之建物有疑慮，可付費委託行政院原子能委員會認可的合格輻射防護偵測業者進行房屋輻射檢測。這些專業單位會使用專業儀器，對房屋進行全面性的輻射檢測，並提供詳細的檢測報告。

## 詢問建物屋主

購買中古屋，若原屋主曾經做過房屋輻射檢測，可請其提供相關的檢測報告或證明文件。請務必仔細核對報告內容，並確認檢測單位是否具有公信力。預售屋部分，由於新修正法令之規定，消費者可要求建商出示其使用鋼筋之「無輻射污染證明」。

## 🏠 輻射屋為時代產物，新建物無須過於擔心

臺灣的輻射屋問題主要發生在 1980 年代，依據相關資料，20 年來，臺灣陸續發現了 189 處、300 多棟、1661 戶輻射屋，有超過 10000 人曾經在其中居住、工作或讀書，因而成為了輻射汙染

的受害者。

　　後來，政府於 2003 年訂立了「放射性污染建築物事件防範及處理辦法」，從鋼筋的生產過程進行全面管控。現今設有熔煉爐之鋼鐵廠均已具備輻射偵檢能力，可避免再次發生輻射放射物夾雜於廢鐵，熔入鋼筋建材造成民眾危害之情況。所以，除非你想買的房子，是在 1980 高危險年代興建的，才較有可能是輻射屋，其他年代的發生機率相對較低。

# 該怎麼判斷
# 物件是否為海砂屋？

　　2024 年 4 月花蓮地震，是一場讓許多人感到震撼的事件，這場地震對許多房屋造成了嚴重的損害。部分建物，尤其是老舊建物或結構較弱的建築，在地震中倒塌的畫面至今仍讓人怵目驚心。而不少未倒塌的房屋，其牆面、天花板、樓地板等也出現了明顯裂縫，這些被列為危險的地震紅標建物，都已不再適合居住。

　　然而，有一種房子是由於興建時混入了含有過多「氯離子」的海砂，造成混凝土品質劣化，就算未受到地震影響，在長期使用之後，也可能發生混凝土崩落之情況，進而影響房屋結構安全，這就是俗稱的「海砂屋」。那麼，海砂屋的確切定義為何？又會對建物結構造成哪些影響呢？

## 🏠 海砂屋是如何造成的？

　　海砂屋指的是建築房屋時使用未經處理的「海砂」，導致混凝土「氯離子含量過高」。蓋房子使用的混凝土原料通常是「河砂」，卻有不肖業者為節省成本，在河砂中混入價格較低、未經處理的海砂。當海砂中的「氯離子」含量過高，蓋出來的房屋品

質，就跟大家熟知的殭屍電影臺詞一樣，糯米摻粘米，怎麼可能會好呢？

混凝土中的氯離子就像房屋的隱形殺手，當氯離子含量高的海砂包覆鋼筋時，長期會產生氧化作用，使鋼筋表面鏽蝕，導致鋼筋體積膨脹變大，結果就像是在混凝土中埋了一顆不定時炸彈，讓房屋的結構變得脆弱不堪。而這樣的海砂屋，可能會出現以下幾種特徵：

## 天花板鋼筋外露

只要搜尋「海砂屋」，映入眼簾的即是許多住家天花板崩落，露出底層鏽蝕鋼筋、屋況滿目瘡痍的圖片。相對於建物的其他部分，由於天花板厚度較薄，因此鏽蝕膨脹的鋼筋，更容易撐裂天花板的混凝土，造成大面積的龜裂與剝落。所以，如果建物明顯可見天花板鋼筋外露，它是海砂屋的機率可說是八九不離十了。

## 結構出現裂縫

當鋼筋被氯離子侵蝕後開始生鏽，生鏽後的鋼筋體積會膨脹，在混凝土內部形成巨大的壓力，導致混凝土產生裂縫。而裂縫又會進一步加速混凝土的剝落，使更多的鋼筋暴露在空氣中，甚至讓腐蝕變得更為嚴重。由於此裂縫是因鋼筋鏽蝕造成，所以裂縫通常與鋼筋的方向一致。如果發現房屋有上述的徵兆，最好請專業人士協助進行檢測。

## 牆面發生壁癌

鋼筋鏽蝕膨脹除了產生牆面裂縫外，裂縫也會讓水分更容易滲

入，空氣中的二氧化碳會與水分和氯離子反應，形成白色的碳酸鈣結晶，也就是我們看到的壁癌。有些房屋的壁癌可能是因為漏水或其他原因造成的，但如果壁癌範圍廣泛且伴隨著其他海砂屋的徵兆，就需要特別注意。

我們已經知道，海砂屋之所以會對建築物造成危害，最主要的原因就是混凝土中的氯離子含量過高。那麼，在政府的規定中，氯離子含量要到什麼程度才算超標，被認定為海砂屋呢？

已興建完成之成屋，其混凝土性質屬於「硬固混凝土」，但經濟部標準檢驗局之國家標準並未規定「硬固混凝土」之水溶性氯離子含量，因此臺灣現行實務上只能以「CNS 3090 預拌混凝土國家標準」中之「新拌混凝土」最大水溶性氯離子含量規定，作為判斷海砂屋之氯離子標準的參考依據。

隨著建築技術的進步，人們對建築物的耐用性要求越來越高。最新規定隨著科技進步與對建築安全要求提高不斷在修正。隨著建築技術的提升，現行的標準已經變得更加嚴格。以下將政府訂定「氯離子」過高之標準演變過程，整理如下表：

新拌混凝土最大水溶性氯離子含量上限

**CNS 3090 國家標準 1994 年版**
每立方公尺 0.6 公斤，需耐久環境不得超過每立方公尺 0.3 公斤。

▼

**CNS 3090 國家標準 1998 年版**
每立方公尺 0.3 公斤。

▼

**CNS 3090 國家標準 2015 年版**
每立方公尺 0.15 公斤。

▼

**法院判斷基準**
依法院見解，判斷海砂屋以「買賣契約成立當時」之氯離子含量規定為準，並非「建築完成日期」。故現行均適用最新 2015 年版之規定。若買賣雙方契約中另有特約，則以特約為優先。

總結來說，依據最新 2015 年 1 月 13 日修訂的「CNS 3090 預拌混凝土國家標準」，「新拌混凝土」中最大水溶性氯離子含量，不得超過每立方公尺 0.15 公斤。

這時候你可能心裡會想，海砂屋含量標準也太複雜了吧？改了那麼多次，我怎麼知道想買的房子，以建造當時的氯離子含量標準來看，到底算不算海砂屋？除了不動產從業人員之外，誰能記得各次修訂後的氯離子含量標準呢？

不，依據法院的見解，要判斷一間房子是否為海砂屋的鑑驗標準值，並不是用建造當時的氯離子含量標準來看，而是用「買賣當時」的含量標準。但如果買賣雙方於簽約時在契約中有特殊約定條款，載明檢測標準值適用其他標準，例如，改以房屋興建完成時之標準為依據，則以該特約為準。

### Example
### 如何分辨物件是否為海砂屋？

員瑛 2024 年 8 月買了一間 1998 年蓋的房子，重新裝潢時，卻發現輕鋼架天花板拆除後，有鋼筋外露的情況，員瑛因為擔心是海砂屋，便找了專業機構進行檢測，依據檢測結果，氯離子含量為每立方公尺 0.2 公斤，這樣算氯離子含量過高嗎？

【案例解析】

該房屋之氯離子檢測值為每立方公尺 0.2 公斤，雖未超過興建當年度 1998 年版本之標準每立方公尺 0.3 公斤。但卻已超過買賣簽約 2024 年之最新標準每立方公尺 0.15 公斤。由於當初買賣契約中並未針對氯離子檢測值有特約條款，依法院判決見解，應以買賣簽約當時適用之標準每立方公尺 0.15 公斤為準，因此，該房屋之氯離子檢測值已超過標準，屬於海砂屋。

## 🏠 辨別海砂屋的 3 大查詢方法

海砂屋對房屋結構的影響深遠且嚴重，房屋的樑柱及天花板等建築物的重要結構，一旦有海砂屋問題，將使整個建築物變得不穩定，可能發生坍塌並危及居住者的生命安全。那麼，在買房前，消費者要透過什麼方式查詢才能避開海砂屋呢？以下提供大家 3 種方法：

### 政府資料列管

為了保障民眾的居住安全，政府各級單位投入了許多資源來處理海砂屋問題，其中部分地方政府已建立「海砂屋列管名單」，並公布在網路上，讓民眾自行查詢。例如臺北市政府已將「海砂屋」列管建物清冊，公佈於臺北市建築工程管理處網站；新北市政府則已建立「新北市高氯離子鋼筋混凝土建築物查詢」，可直接輸入門牌查詢。

### 觀察建物外觀

如前面所述，海砂屋最簡單的判斷方式，就是先觀察天花板有無混凝土剝落情形。因為天花板的表面最薄，最容易透過觀察而發現。不過，通常屋主會用裝潢將此狀況遮蔽起來，讓買方難以發現。

因此看屋時，別忘了要去查看大樓地下室等公共設施，由於公設天花板通常不會特別做裝潢，最能夠幫助我們確認建物的原始面貌。

### 索取檢測報告

依內政部 1995 年訂定之「施工中建築物混凝土氯離子含量檢測實施要點」第 5 點規定:

建築物承造人於各樓層施工時,依第三點檢測程序規定辦理,並於申報勘驗時檢附氯離子含量檢測報告書及混凝土供應者品質保證書送當地主管建築機關備查。

故購買預售屋及新成屋時,我們可向建商索取相關檢測報告。購買中古屋,若現場勘驗屋況時有疑慮,則可付費委託專業廠商進行檢測。

## 海砂屋如同輻射屋,
## 新屋發生機率較低

海砂屋對房屋結構的危害是不可逆的,因此,如果發現房屋有海砂屋疑慮,應委託專業機構鑑定房屋結構,並採樣混凝土進行氯離子含量檢測。

海砂屋如同輻射屋,當政府發現有此問題之後,後續即已設法改善。內政部在 1995 年訂立的「施工中建築物混凝土氯離子含量檢測實施要點」,已規定新建建築物必須實施氯離子含量檢測管制,加上對混凝土的氯離子含量標準日趨嚴格,1995 年後興建的建築物已大幅減少海砂屋出現之可能性了。

# 如何避免買到
# 位於危險山坡地的房子？

　　臺灣山坡地占土地總面積超過 70%，隨著人口增加，平地不敷使用，各類開發行為逐漸往山區蔓延。然而，過度開發山坡地，卻導致了大自然的無情反撲。1997 年 8 月溫妮颱風來襲，豪大雨導致汐止林肯大郡社區的擋土牆崩塌，大量土石瞬間滑落，掩埋了多棟建築物。這場災難造成 28 人死亡，多人受傷，許多家庭因此破碎，並帶來巨大的財產損失。

　　深究其背後原因，林肯大郡為山坡地社區，周邊屬地質條件不穩定的順向坡。建商為了牟利，罔顧法規，在不適宜的地點進行開發，而天災的到來則加速了悲劇發生。人禍與天災共同造成林肯大郡的慘劇。此節將跟大家分享，哪些山坡地地質屬於不適合開發的危險山坡地，又該如何查詢不適合居住的社區？

## 危險勿近！不適合開發的山坡地
## 包含哪些？

　　所謂山坡地，依據「山坡地保育利用條例」第 3 條之定義，主要是指標高在 100 公尺以上者，或標高未滿 100 公尺，而其平均

坡度在 5% 以上者。因此，只要標高及坡度達到一定標準以上，即符合山坡地之範圍。

其中，危險山坡地指的是地質條件不穩定、容易發生土石流、崩塌等災害的地區。這些地區的地形可能坡度較陡峭、土壤鬆軟，且常受到雨水、地震等自然因素的影響，導致地質鬆動。由於危險山坡地發生災害的機率較高，將對居住者的生命財產安全造成極大威脅。

為了降低山坡地不當開發，對民眾生命財產造成之風險。內政部在「建築技術規則建築設計施工編」第 13 章山坡地建築第 262 條中，規定了 8 種不得開發建築之山坡地，分別為如下：

## 坡度陡峭者

坡度越陡峭之山坡地，越不適合建築開發。本條內容是在限制坵塊圖上平均坡度超過 30% 土地之開發。依據法規，平均坡度超過 55% 者，不得計入法定空地面積；平均坡度超過 30% 且未逾 55% 者，得作為法定空地或開放空間使用，不得配置建築物。但直轄市、縣（市）政府另定適用規定者，則不在此限。例如臺北市及新北市即有另訂的適用規定。

## 地質結構不良、地層破碎或順向坡有滑動之虞者

本條內容主要在限制平面型地滑影響範圍、地質破碎區域，及順向坡等地質敏感地形之開發。例如先前所提及的林肯大郡社區發生災變之背後原因，即與順向坡地形息息相關。那究竟什麼是順向坡呢？依據「水土保持技術規範」第 31 條之定義，順向坡

與逆向坡的差別如下：

- 順向坡：凡坡面與層面、坡面與劈理面之走向交角不超過 20 度，且傾向一致者。
- 逆向坡：凡坡面與層面、坡面與劈理面之走向交角不超過 20 度，且傾向相反者。

如下圖所示，順向坡就是地層的傾斜方向和山坡的傾斜方向大致相同的地形。想像一下，當一塊蛋糕斜斜地擺放在桌子上，如果這塊蛋糕的紋路（也就是地層）和桌面的傾斜方向是一樣的，那麼這塊蛋糕就比較容易滑下來，順向坡之所以可能發生地層滑動，也是同樣的道理。

在先前發生事故的山坡地社區，多是起因於建商為爭取更多開發面積，挖除順向坡坡角，改設置擋土牆。但由於坡角被破壞，岩層失去天然的底部支撐，加上擋土牆結構設計不良或強度不足以抵擋岩層下滑的力量時，就容易發生坡地向下滑動，沖毀擋土牆，並殃及下方的住宅大樓。

**順向坡與逆向坡差別為何？**

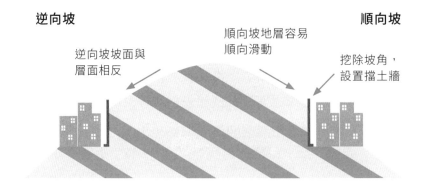

逆向坡

順向坡

逆向坡坡面與層面相反

順向坡地層容易順向滑動

挖除坡角，設置擋土牆

## 活動斷層

　　活動斷層周遭之地震強度可能較其他區域為大，因此一定距離範圍不宜開發。本條內容係依據歷史上最大地震規模，劃定活動斷層帶周邊之不得開發建築範圍，規範整理如下：

| 地震規模 | 周邊不得開發之建築範圍 |
|---|---|
| 規模 ≥7 | 斷層帶二外側邊各 100 公尺不得建築。 |
| 6≤ 規模 <7 | 斷層帶二外側邊各 50 公尺不得建築。 |
| 6< 規模<br>或無紀錄者 | 斷層帶二外側邊各 30 公尺內不得建築。 |

## 有危害安全之礦場或坑道

　　廢棄礦場及地下坑道周邊，受限於地質條件，並不適合開發利用。依據政府資料，臺灣目前有 200 多個陸地礦區，但其中有許多均已廢棄。而已廢棄之礦場及地下坑道，由於缺乏維護，可能會造成內部坍塌，引起上方地表沉陷。

　　此類礦場不只分布於人煙稀少的東部，連現況人口密集的都會地區也有。過去臺北市就曾發生建案剛好蓋在礦坑上方之情況。若要了解全臺各地分布之礦場及坑道位置，則需向相關主管機關查詢。

## 廢土堆

　　廢土堆區就像是一座鬆軟的沙堆，多半來自於建築廢土或是過去採礦之廢棄礦渣。雖然表面與一般地質無異，但其實隱藏著許

多不穩定的因素，對建築物的安全有極大的威脅。廢土堆是由未經壓密夯實的土壤構成，無法提供建築物穩固的地基，導致建築物易下陷或傾斜，故其並不適合做為開發建築之基地。

## 河岸或向源侵蝕

山坡地溪流，會不斷侵蝕沖刷河岸，導致土壤流失，使河岸逐漸後退，同時也不斷下切挖掘河床，使河床加深。其中的「向源侵蝕」現象更常伴隨崩塌，形成潛在崩塌的地形。當房子接近河岸邊或向源侵蝕區，溪流將不斷侵蝕岸邊建築物的地基，地基被掏空後即容易產生建築物傾斜或下陷。

## 洪患

如果一個地區過去曾發生過洪水，代表這個地區防洪能力不足，未來再次發生洪水的機率也較高。河床兩岸的低窪地區，一旦遇到豪大雨或颱風，在河水暴漲的衝擊下，將對居住安全造成極大的威脅。依據法規，已限制河床二岸低地，過去洪水災害周期小於 10 年之區域不得開發建築。但已有妥善之防洪工程設施者且經政府認定安全者，則不在此限。

## 斷崖

斷崖岩層鬆動，容易受到風化、雨水沖刷等外力影響而崩塌。如果在斷崖邊緣或下方興建房屋，一旦發生崩塌，房屋將面臨直接的威脅。依本條內容規定，斷崖上下各 2 倍於斷崖高度之水平距離範圍內不得開發建築。但地質上或設有適當之擋土設施並經政府認為安全無礙者不在此限。

# 🏠 2個方法教你找出危險山坡地

如前所述,危險山坡地發生土石流或崩塌的機率較高。因此,應在購屋前仔細查詢社區的周邊地形。透過以下方式,可以有效避免買到風險較高的危險山坡地社區:

### 政府機關查詢

由於山坡地社區存在潛在的危險性,營建署在2010年頒佈「加強山坡地住宅安全維護執行要點」及「各直轄市、縣市政府列管山坡地住宅社區資訊公開處理原則」規定,加強山坡地住宅管理。政府依據危險程度,將山坡地社區進行以下分級:

A級 ➡ 應立即委託專業技師或團隊進行深入鑑定工作,並提出改善措施。

B級 ➡ 持續加強監測。

C級 ➡ 注意維護,並自行檢視設施狀況。

那麼,要如何了解房子是否屬於列管的山坡地住宅社區呢?

依據「各直轄市、縣市政府列管山坡地住宅社區資訊公開處理原則」及「成屋買賣定型化契約應記載及不得記載事項」,相關

資料必需由房屋所有權人或其代理人查詢，並依政府資訊公開法第10條規定，檢附書面資料向當地建築主管機關申請。

### 查詢災害潛勢網站

國家災害防救科技中心建置了「3D災害潛勢地圖網站」，只要輸入地址，就可以查詢區域是否屬於發生土石流、山崩、順向坡、活動斷層等危險山坡地之影響範圍。只要透過它，我們就能快速確認想買的房子是否坐落於不適合開發的地區（本章末的〈如何避免買到淹水房？〉將進一步介紹此網站的查詢方式與操作步驟）。

## ⌂ 買房是人生大事，居住安全更是重中之重

臺灣位處菲律賓海板塊及歐亞板塊交界處，地質活動頻繁，十分容易發生地震，而颱風豪雨更是常見。地震可能造成山坡地崩塌，颱風帶來的強風豪雨，更會加劇坡地的侵蝕，增加地層崩塌和土石流的風險。臺灣獨特的地質及氣候特徵，對居住在危險山坡地社區的居民來說，不僅長期面臨著各類災害的恐懼，還會帶來極大的心理壓力。

購買房屋前，除了確認房價是否合理與周圍的嫌惡設施之外，也別忘了查詢房屋基地之地質資訊，提升居住安全。

# 何謂產權瑕疵？
# 如何事先做好產權調查？

你有聽過「權利車」嗎？你可以用比市場行情低的價格，買到「權利車」，但缺點是只能開，不能合法過戶。這種產權有瑕疵、無法過戶的「權利車」，基本上是沒有什麼保障的，有可能開上路一段時間後，就被前手欠款銀行發現，車子被銀行強制拖走。此類沒有完整車籍的車，因為無法主張所有權，能開多久完全視運氣而定了。

買房子，也可能遇到房屋產權有缺失的問題，由於產權存在瑕疵，導致買方未來可能面臨法律糾紛。買到有產權瑕疵的房子，就像買了一臺有問題的權利車，外觀看起來沒什麼狀況，卻隱藏著許多麻煩。以下就讓來幫大家解惑，房屋重要的產權瑕疵包含哪些？以及要如何提前發現這些風險。

## 做好產權調查的祕訣

簡單來說，產權瑕疵就是房屋的產權範圍不完整或存在瑕疵，可能導致房屋使用出現爭議，或是未來可能面臨法律糾紛之情形。由於房地產涉及的法律多如牛毛，對於一般民眾來說，在欠

缺房地產及法律之專業知識背景下，通常難以發現這些可能造成爭議的產權問題。

如果房屋是透過仲介管道交易，房仲會在接受賣方委託之後，對銷售物件進行完整的產權調查，並將其結果製作成「不動產說明書」供買方參閱。若發現房屋產權有疑慮，會在說明書中充分揭露，以保障交易安全。

但現況除了部分仲介直營體系，不動產說明書是由總公司受過產權調查訓練的專責部門統一製作外，大部分都是房仲各加盟店頭自己來。

由於人員的專業良莠不齊，不見得能發現各類五花八門的產權瑕疵，有時將導致不動產說明書的調查內容流於形式。當買方入住之後才發現房子是有問題的，交易糾紛也就因此產生了。

其實，產權調查應該是每個不動產專業顧問都應具備的基本能力，才能避免客戶買房踩雷，為客戶做出最好的建議。以我待過的仲介公司為例，雖然當時的工作內容是不動產估價，但所有估價人員，都必須從學習製作不動產說明書開始，在師徒制的教導下，經歷幾個月、數百件個案的實務驗證，專業能力符合標準後，才有資格去接觸不動產估價。

以下就來跟大家分享，過去在仲介公司接受過產權調查專業訓練，實際製作不動產說明書的經驗。讀完本節的內容之後，即使是不具備房地產專業知識的你，也能自行判斷房地產重要的 3 大類產權問題：

## 房屋占用鄰地

不知道大家有沒有印象，先前媒體刊登過一則新聞，有個第一次買房的小資女，在政府推出新青安貸款之後決定買房。經過漫長的找房過程，好不容易看到喜歡的房子，價格也和屋主談妥了，買房的流程看似順利，也即將抵達終點。最後卻在找房貸銀行的時候，因為銀行發現房屋有占用鄰地之情況，因此拒絕放貸，只能無奈解約。

房屋占用鄰地，是指**房子本身或社區公共設施蓋在別人的土地上**。鄰地所有人不知道還好，如果知道了，當然不可能讓別人白白占自己便宜，未來更可能透過法律程序要求支付補償金，甚至要求拆屋還地。住在這樣的房子裡，必須不斷擔心未來可能面臨的法律訴訟和財產損失，因而承受巨大的心理壓力。

但在此新聞個案的購買過程中，無論原屋主及仲介提供的不動產說明書均未告知房屋有占用鄰地情況，直到最後一關才由銀行告知有房屋占用鄰地的產權問題，導致最後大家白忙一場。聽起來很誇張對吧？但這樣的案例其實並不少見，網路上有一堆類似的新聞，那麼，到底該如何避免這種狀況呢？

要判斷房子有沒有占用別人的土地，可以透過以下的簡單方法來確認：還記得〈2-2〉介紹過的房地產基本證件嗎？只要看其中的建物謄本，就能初步判斷房屋是否占用鄰地了。

第一個是看建物謄本標示部的其他登記事項欄（如下圖紅框處①）。若有建物占用鄰地情形，內容會加註相關文字。第二個是看建物謄本標示部的建物坐落地號（如下圖紅框處②），比對跟屋主賣出的土地地號是否相符。如果不相符，例如房子蓋在 A 地

號上，屋主卻沒有 A 地號的所有權，就有占用鄰地的可能。

通常謄本是不動產說明書的基本附件，或者我們也可以自行去地政事務所申請，就算完全不懂，現場還有熱心的志工們會教你如何操作。

---

***　　建物標示部　　***

登記日期：民國 085 年 01 月 05 日　　　　　　　登記原因：第一次登記

建物門牌：南俊街 3 巷 24 號

建物坐落地號：碩珍段一小段　　0204-0000　②

主要用途：住家用　　　　主要建材：鋼筋混凝土

層數：三層　　　　　　　　　　　　　總面積：*****150.00 平方公尺

層次：一層　　　　　　　　　　　　　層次面積：*****50.00 平方公尺

　　　二層　　　　　　　　　　　　　層次面積：*****50.00 平方公尺

　　　三層　　　　　　　　　　　　　層次面積：*****50.00 平方公尺

建築完成日期：民國 084 年 10 月 08 日　①

其他登記事項：本建物尚有部分占用鄰地未測繪

---

## 坐落道路預定地

道路預定地，就是都市計畫中已經規劃為未來要開闢道路的土地。雖然現況不是道路，但未來很有可能被徵收，變成供大家通行的公用通道。這些預定要開闢為道路的土地，未來被徵收後即失去土地的所有權，如果房子剛好蓋在上面，你辛苦買下的房子很可能面臨被拆除的命運。

為什麼會發生這種事呢？比較常見的狀況是為了道路拓寬，因此必須徵收原本道路兩側的土地，導致原本可蓋房子的住宅區土

地，部分被變更為道路用地。屆時，原本的土地可能被分割為兩塊，緊鄰原本道路、被劃為拓寬範圍內的土地將被獨立分割出來，土地使用分區則變更為道路用地。其餘不受道路拓寬影響之土地，維持為原本住宅區用途。

此時，要判斷政府徵收土地後，房子有沒有可能被拆除，需要看房子跟土地之間的相對位置。如果房子蓋的範圍，完全不在分割後的道路預定地上，未來對房屋的使用影響較小。但如果房子就直接蓋在道路預定地上，徵收後就難逃遭拆除的命運。

至於要怎麼判斷房子是否坐落於道路預定地呢？只要透過接下來的方法即可。

首先，確認房屋每筆土地的土地使用分區（見 P.232），了解其中是否有道路用地。如果沒有，就不用擔心了，本項坐落道路用地之產權瑕疵與你無關。但如果其中一筆是道路用地，則可以比對建物測量成果圖，由圖面確認土地與房子的相對位置，就可以知道房子是不是直接蓋在道路預定地上了。

## 房屋面積有疑慮

房屋面積的大小，將直接影響到居住空間的舒適度，更是買房計價的標準，面積差了一坪，價格可能就差到幾十萬甚至百萬。面積不符則可能導致買賣雙方產生糾紛，影響交易的進行。因此，如果房屋面積計算出現問題，將帶來不少麻煩。

建物面積的計算，是依據建物進行第一次測量、繪製建物測量成果圖之後所得之結果，謄本面積也是依據建物實際測量成果轉載。但由於建物測量成果圖是從 2006 年全面電子化，在此之前

則為人工計算，所以偶有發生面積計算錯誤之情形。

　　該如何發現建物面積之計算有疑慮的狀況呢？首先，在建物測量成果圖中，有主建物、附屬建物等各項面積的計算公式，可自行驗算，確認面積計算結果是否有誤。若發現房屋實際面積明顯與謄本有出入，亦可於現場實地測量房屋面積，與建物測量成果圖之面積進行比對，如果發現測量成果圖面積錯誤，可向地政機關申請重新測量面積，以維護自身權益。

## 🏠 買房如同投資基金，
## 　　買房前請詳閱不動產說明書

　　房地產這幾個字，正代表買房時需要評估的 3 個重點：房屋、土地、產權。一間讓人住得安心的房子，除了房屋結構要穩固，基地周邊的環境以及地質條件必須安全，產權也得乾淨無瑕疵才行，如果買到的房子有產權問題，不僅可能無法貸款，甚至將面臨後續必須拆屋還地的法律訴訟，那就得不償失了。

> 記住，交易安全是買房時的重中之重。

　　買房就如同投資基金，我們都聽過「投資一定有風險，基金投資有賺有賠，申購前應詳閱公開說明書」。同樣的道理，要避免買到產權瑕疵的房子，第一步要做的當然還是要先詳細查閱仲介

提供的不動產說明書。專業的仲介可以幫你把關、提前找出問題。如果不動產說明書記載缺漏或不實，沒有人發現缺失，導致買房後發生爭議，也可做為未來法律訴訟時的書面佐證。

接著，再用前面跟大家分享的方法，自行比對謄本、建物測量成果圖以及土地使用分區來確認有無疑慮。透過以上的雙重確認，就可以大幅減少買到產權瑕疵房子的機率。當你買到產權有問題的房子，不管生活機能多好、價格多便宜，沒辦法住的話一切都是枉然了！

# 如何避免買到淹水房？
# 查詢住家災害風險資訊的方法

　　最近幾年，全臺各地陸續發生了房屋因為地震、淹水、或是地層下陷導致受損的受災事件。看到新聞中受災戶財物受損的慘況，想買房的你，是否也變得膽戰心驚呢？

　　畢竟買房除了價格，能不能住得安全、住得安心更是關鍵。現在房價昂貴，為了買房動輒就要花上幾千萬。如果住進去後房屋因為地質不良而倒塌，或是因位於低窪地區三不五時就淹水，半生的心血就化為烏有了。

　　為了怕影響交易，通常房屋的銷售資料，都不會詳細載明周邊區域土壤液化、危險山坡地、土石流、淹水這些災害風險的相關資訊。如果詢問銷售人員，通常也是一問三不知或顧左右而言他。

　　那麼，有什麼方式，可以在買房前就能查出這些災害資訊，讓你盡量避開環境風險，保障買房區位不踩雷呢？與大家分享一個政府網站：3D 災害潛勢地圖，作為買房前確認住家區域安全的必查網站（可參考以下網址或掃描 QR Code ：https://dmap.ncdr.nat.gov.tw/1109/map/）。

　　3D 災害潛勢地圖是由「國家災害防救科技中心」所建置。可以查詢淹水、土石流、山崩、土壤液化、活動斷層資訊，甚至連是不是在核子事故災害影響範圍都能查得到。而且更棒的是，還可以一鍵產出分析報告，幫你解讀各項風險資訊，不需要任何基礎也能一目了然。

但要提醒的是，本網站資訊代表的是風險潛在機率，是依據過去歷史紀錄，告訴你有可能發生的災害，並非機率高的區域就必然會發生風險。即使真的出現災害，若建物本身強度符合標準，影響可能也不大。以下說明該網站的使用方式，提供大家參考。

● STEP 1：依災害種類選擇潛勢圖層

進入國家災害防救科技中心「3D災害潛勢地圖」網站後，可查詢多種災害種類資料，包含：淹水、土石流、山崩、斷層與土壤液化、海嘯及海岸災害、核子事故及火山潛勢。在「潛勢選擇」模式下，只需點選①右側「＋號」，即可依據需求，開啟並勾選不同類型之災害圖層。

勾選完圖層，可點選上方之②「已選擇圖層」，確認選擇之災害圖層內容，括號之數字代表選擇之災害圖層數量。因災害圖層將於

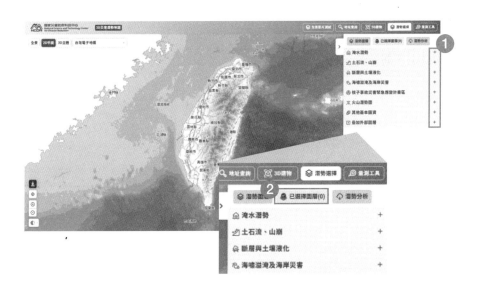

左側地圖以套疊之方式顯示，可利用拖移動作調整各圖層之上下順序，使地圖之圖示更為清楚。

①
選擇地址查詢

②
輸入地址或地標

③
完成後點選查詢

● STEP 2：輸入欲查詢的地址或地標

選擇查詢災害圖層後，點選上方功能選單①「地址查詢」，於下方②之下拉式選單可選擇地址或地標兩種輸入方式，輸入地址或地標完成後，再點選③「查詢」，即可於左側地圖視窗出現查詢結果。

● STEP 3：地圖顯示查詢結果

　　查詢之結果是以「地圖」方式呈現。①地圖中之圖標即為查詢地址，可以從相對關係看出周邊是否位於災害區域，並從「已選擇圖層」進行勾選來查看欲知的資訊（下圖即為土壤液化潛勢圖的高低分區）。可再利用滑鼠或地圖左側之加減號圖示放大縮小地圖。地圖透明度可視需要調整。若有測量距離需要，亦可用上方功能選單之量測工具進行操作。

① 地圖將顯示你所查詢位置及災害圖層

② 點選潛勢選擇

③ 點選潛勢分析可產出報告

　　若針對查詢之災害風險結果，覺得還是在判斷上有困難。如同前面所述，可利用產出分析報告之功能，由系統直接幫你解讀各項風險資訊。點選上方功能選單之②「潛勢選擇」，再點選③「潛勢分析」，即可產出分析報告。

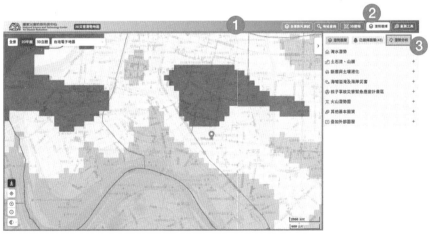

● STEP 4：依據查詢結果，產出分析報告

　　產出之①「分析報告」，會以新視窗之方式單獨呈現，可與原地圖視窗相互比對查詢結果。更方便的是，無論先前選擇何種災害圖層，此分析報告仍將針對所有災害風險結果進行分析。所以，即使一開始未勾選到重要的災害圖層，或是完全看不懂地圖顯示結果代表的意義都沒關係。只要善用此分析報告之功能，直接看文字報告其實就夠了！

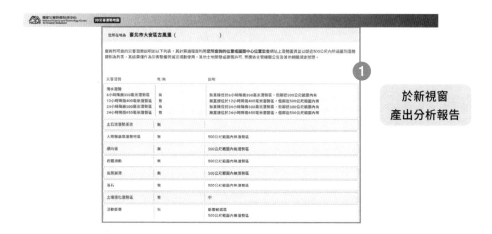

於新視窗
產出分析報告

# Chapter 5

# 首購族買房增值術

## 掌握 5 大核心，選中價值翻倍的房子

# 房價為什麼會上漲？

　　臺灣房價持續居高不下，依據內政部 2024 年第 2 季的房價所得比統計，全國房價所得比已上升到 10.65 倍，簡單來說，就是民眾必須不吃不喝 10.65 年，才能買得起房。如果想在大城市買房，負擔更重。比方說，臺北市的房價所得比高達 16.36 倍，新北市、臺中市、臺南市、高雄市也都在 10 倍以上，若想實現買房的願望，代價是得用 10 年以上的青春來換。

　　目前臺灣房市呈現長期上漲態勢，背後原因包含經濟學的供需失衡、各類成本上漲，及市場參與者對房市只漲不跌的心理預期因素。買房前了解這些因素至關重要。當你了解更多，就可以更冷靜地看待市場漲跌，不會因為害怕漲價而恐慌性購屋。以下將從前述 3 個層面，深入分析導致房價上漲的成因。

## 🏠 供需關係：
## 　 少子化還能買房嗎？

　　供需關係是經濟學中影響產品價格漲跌最基本的原理。當市場上某種商品需求大於供給時，價格就會上漲；反之，當供給大於

需求時，價格就會下跌。房地產市場也一樣，房價漲跌受到供需
關係的強烈影響。

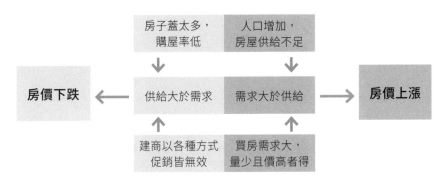

**供需影響與房價變化**

| 房子蓋太多，購屋率低 | 人口增加，房屋供給不足 |
| 供給大於需求 | 需求大於供給 |
| 建商以各種方式促銷皆無效 | 買房需求大，量少且價高者得 |

房價下跌 ← 供給大於需求　需求大於供給 → 房價上漲

　　房地產與一般商品最大的不同，就是具備投資及自用的雙重
性，與對於貸款槓桿的高度依賴。因此，房地產需求與政府金融
政策之間有緊密的連動性，只要透過基準利率、貸款利率及成數
的調整，就可以改變大眾的買房支付能力以及對房市的預期，進
而增加或減少房地產的需求。

　　房市在 2023 年之後的一波上漲，是因為政府推出新青安貸款，
有效增加了房市的需求所致。相反地，2024 年 9 月的央行第 7 波
選擇性信用管制，則是限制寬限期及貸款成數，也成功凍結市
場，達到抑制房市投機需求的目的。

### 需求量長期減少，老屋無效供給量增加

　　其實談到供需，大家最憂心的應該是少子化對房價的影響。邁

入少子化時代之後，買房的人越來越少，如同前述分析，只要供過於求，房子必然會越來越便宜。聽起來很有道理，但如果針對數據深入探討，就會知道少子化之下房價不一定會跌。

先從需求面來看，依據國家發展委員會 2022 年 8 月出版之中華民國人口推估資料，在最悲觀之推估結果下，全臺人口 2045 年將減少為 2083.9 萬人，相對於 2024 年 9 月總人口數 2340.4 萬人，可能最多減少 256.5 萬人。若改以家戶數的角度來看，由於家庭型態的改變，家戶數呈現增加的態勢，致使購屋需求仍具動能，但家戶數之增加仍然有限，也並非無限制成長。

依國家發展委員會 2020 年 9 月出版之我國區域層級之家戶推計模擬，臺灣家戶數將於 2041 年達到最高峰（1000 萬餘戶），此後家戶數仍將逐年縮減，因此，家戶數的增加雖然緩解了少子化整體人口減少對於購屋需求的影響，但只是延緩，而非消除。整體來說，少子化長期對於購屋需求仍將帶來一定的影響。

另一方面，若從供給面切入，依據內政部不動產資訊平臺 2024 年 Q2 房屋稅籍住宅類資料，全臺 40 年以上老屋有 346.8 萬間，待 2045 年時屋齡幾乎都逼近 70 年了，還能繼續住多久呢？再加上銀行對老屋貸款意願也較保守，因此，需要改建的房屋供給有 300 萬，甚至比人口減少的 240 萬還多。若改以家戶數觀點，2045 年相較於 2024 年甚至還是增加的。

因此，長期來看，臺灣未來雖然因面臨少子化而導致房屋需求減少，即使中短期由於家戶數的增加，延緩了其影響程度，但臺灣房屋老化嚴重，大量需要改建的老屋實則造成房屋供給量降低。放眼整體房市，中短期不一定會發生供過於求而造成房價下

跌的現象。

然而,有個基礎概念是房地產具有「不可移動性」,也就是房地產無法像其他商品一樣,視供需狀況,在不同的區域流通有無。少子化後房價究竟如何變化,最後還是要回歸到各縣市,依實際的房屋供需狀況才能決定。

## 都心回歸效應的影響

那麼,未來臺灣的房地產還能不能買?我們可以參考一下日本的經驗。常有人說,今天的日本,就是 10 年後的臺灣。不論從日本的經濟發展或是少子化趨勢來看,都是最適合臺灣參考的一個國家。

當日本少子化越來越嚴重之後,發生了「都心回歸」效應。簡單來說,是因為少子化之後偏遠的鄉村人口大幅減少,無法維持足夠人力提供食衣住行等生活機能,所以出現了人口回歸大都市的現象,也因此造成都市與鄉村的房價差距更大。

依據日經中文網 2023 年 1 月的報導,東京都心二手房價逼近 1 億日元,為 29 年來最高,甚至已上漲至泡沫經濟崩潰不久的 1993 年以來的最高水平。

從區位條件來看,當臺灣和日本一樣發生相同的都心回歸效應,就業機會及人口集中的六都,特別是位於市中心或是有產業進駐、重大建設周邊的區域,由於需求維持穩定,房價可望仍有支撐。但其他人口呈現外流趨勢的小型都市及偏鄉,由於供需失衡,房價可能就很難維持了。

# ⌂ 成本因素：
## 碳費對房價影響很大嗎？

決定價格的另一個關鍵因素，則是成本。成本逐年上升，也是導致房價上漲的原因。在房地產市場，當成本增加時，建商為了維持獲利，就會將成本轉嫁到消費者身上，導致房價上漲。

本書在〈1-2〉曾提及，房價的構成包含建物及土地。兩者占總體房價的比重，會因不同區域的地價與房屋營建成本有所差異。整體而言，土地占整體房價的比例較建物高，特別是地價較高的縣市，土地價值占比會更高。

因此，成本包含建物及土地。建物方面，鋼筋、水泥、木材等建材的價格，將受本地及國際原物料市場波動影響，當這些材料價格上漲時，建商的成本也會隨之增加。這幾年由於缺工，加上工人的薪資隨著物價上漲而調整，工資成本增加自然會推高房屋的造價。土地則是蓋房子的基礎，土地價格的上漲，則直接影響到房屋的總成本。

而近年來房價成本上漲，影響較大的是源自建物成本。自2020 年起，新冠肺炎疫情重創全球，也導致原物料及運輸成本大幅上漲。根據營造工程物價指數統計，2021 年年增率大漲了10.94%，2022 年則漲 7.36%。但近兩年，隨著疫情的結束，總指數走勢也趨於穩定，2023 年的總指數年增率已降至 1.74%。2024 年（截至 11 月底）總指數年增率則微幅上升為 2.01%。

未來對房價成本影響最大的變數，則是碳費制度的實施。臺灣於 2025 年開始試申報碳費，2026 年正式繳費。鋼筋及混凝土成

本將因徵收碳費而價格上漲，更有部分建商宣稱碳費徵收可能會造成房價上漲 3%～5%，但內政部則認為碳費對建築成本影響應該小於 1%。

其實，回歸到成本結構來看，建物成本只占房價總成本的一部分。就算房子營造成本大漲，加權平均計算後，最後房價也不應該以相同比例上漲。因此，若純粹以成本面考量碳費徵收對營造成本的影響並不大，無須過於憂慮房價會因此大漲。

### 營造工程物價指數變動趨勢圖

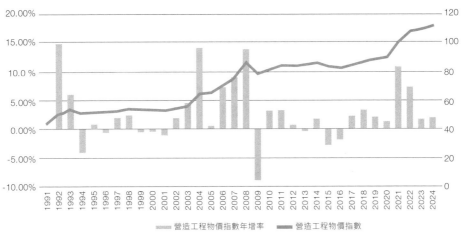

基期為 2021 年全年 =100，2024 年計算至 11 月
資料來源：中華民國統計資訊網

## 🏠 市場情緒：
## FOMO 購屋，有必要嗎？

投資不只是數字遊戲，更牽涉到複雜的心理狀態。行為財務學

告訴我們，投資人情緒對投資績效有著深遠的影響。不同的情感反應會影響最終決策，尤其是在投資這種充滿不確定性的領域。由於房市和股市的本質相似，羊群效應及 FOMO（錯失恐懼症）這兩種對股市投資人有深刻影響的心理情緒，當然也會左右房市的走向。

其中，羊群效應又稱盲從行為，原指在羊群中，只要一隻羊跳下懸崖，便陸續會有其他羊跟著跳崖。不只羊群會有這樣盲目跟風的行為，人們一樣會受到周圍民眾的影響，與大家做相同的選擇。在房地產市場中，當我們看到身邊親友都在瘋搶買房，自然會產生模仿心理，進而讓需求快速增加，推升房價。

FOMO（錯失恐懼症）則是 fear of missing out 的縮寫，指的是害怕錯過的心態。當人們看到周圍同儕獲得了某種利益，而自己卻沒有，就會產生焦慮和恐慌，擔心錯失機會。而在房地產市場中，當人們看到房價不斷上漲，怕自己錯過獲利的機會，就會急於購房，一樣將導致房價抬升。

而羊群效應又會進一步加劇 FOMO 的心理，當市場上出現搶購房子的現象時，會營造出一種「房價只漲不跌」的錯覺，進而吸引更多的買家，形成一股循環。

| 買家數量增加，市場上的物件相對減少 | 供需失衡的情況加劇，進而推高房價 | 越多人購房，觀望的人則越恐慌 | 市場對房價上漲的預期不斷強化 |
| --- | --- | --- | --- |

在整個過程中，也有許多關鍵角色的推波助瀾。比方說，建商常強調營建成本增加，未來房價會更貴；代銷利用「排隊購屋」等手法，營造建案熱銷、案件稀有的氛圍，刺激民眾購買慾望；媒體則在一旁敲邊鼓，報導房市熱絡的景況，讓更多人對買房置產萌生興趣。以上手法都會刺激更多人投入房市。

而部分業者為了促進銷售，最愛用的招數就是販賣恐懼，不斷說房價、房租創歷史新高，背後目的就是讓大家因恐慌而進場買房。但隨著通貨膨脹，房價如同各種物價長期上漲本來就是很正常的現象。除非像日本一樣全國經濟蕭條，通膨變通縮。因此，要提醒大家的是：

> 房價創新高是正常的市場發展，
> 千萬別被銷售話術所影響。

## ⌂ 供需、成本和市場情緒
## 影響房價漲跌

綜上所述，房價上漲是多重因素交織的結果，從市場供需失衡到相關成本上升，從市場情緒到經濟環境，都層層扮演著推升房價的角色。當不同因素同時發生的時候，房價就會上漲得特別快。以 2021 年後的房價上漲為例，就是多重的因素所導致，尤其在新冠疫情的影響下，營建成本大幅提升，加上寬鬆資金環境以及市場對於房價上漲的預期，最終導致房價大漲了一波。

大家在準備買房時，需要理性分析各種因素，避免受到市場氛

圍影響而做出倉促的決定。市場情緒與政經環境對房價影響是多面向的，不僅涉及個人心理層面，還包含整體經濟環境的互動。提醒大家，買房還是要回歸居住需求本質，選擇適合自己的產品，避免承擔過高的財務風險。

# 房市景氣循環：
# 首購族如何掌握
# 進場時機？

「現在可以買房嗎？」是每個想買房的人最愛問的問題。畢竟人性所致，大家總想在房價最低點買進，等到房價最高點再賣出。但實際狀況往往是真有機會下手買的時候，房價上漲，多數人都嫌太貴而買不下手；當房價下跌，心裡卻又害怕未來會繼續跌，一樣不敢買。最後，看房看了多年，依然沒買到房子，就這麼錯過了買房的機會。

其實，房地產如同股市，不會永遠只漲不跌，也一樣不會只跌不漲。房市始終在景氣循環的高低週期來回擺盪。所以，只要懂得判斷目前屬於何種階段，對如何買房就自然有定見，不會被外在環境的變動所迷惑。例如，在景氣復甦期，市場還有開價平實的物件，就可以積極尋找買房機會；景氣高峰期，價格已屬高點，如果要繼續追價購買，就必須三思。

那麼，要從何判斷房市的景氣循環呢？在股市中，技術分析是透過研究股價的歷史走勢、交易量等統計資料，以預測未來股價變動。身為擁有 CSIA 證券分析師證照的專業人士，我就來和大家分享如何參考政府統計資料，以技術分析的技巧來判斷房市景氣的趨勢，並將對照近年房市變動來驗證是否可行。

## 判斷房市週期：
## 建造執照及使用執照背後的祕密

　　在進入正題之前，先來談談什麼是景氣循環。景氣循環是指整體經濟活動在長期成長趨勢中，呈現週期性的擴張收縮波動現象。根據臺灣國家發展委員會的定義，波動可以分為「景氣擴張期」和「景氣收縮期」兩大階段。每個完整的景氣循環，都包含從某個谷底開始，經過擴張達到高峰的擴張期，然後再經過收縮回到谷底的收縮期。

　　在房地產市場，一樣適用於相同的架構。房市景氣循環，從谷底到高峰的循環，可分為復甦期、擴張期、高峰期、衰退期。依據學者分析，房地產景氣變動對建造執照面積及使用執照面積波動，存在著影響關係[*]。以下將參考其理論架構，並利用股市技術分析技巧，分析房市週期各階段之特徵。

### 復甦期

　　當房市由谷底回升，雖然議價空間仍大，但房價已止跌回穩。在第一線實際接觸客戶的建商，感受到市場氣氛的轉變，開始審慎評估推出新案，建造執照申請緩慢增加。但使用執照申請是來自先前房市「衰退期」之完工建案，數量仍持續減少，處於相對低點。因此，建照面積增加，使照面積減少，兩者呈反向變動。

　　本階段就線型分析之判斷特徵為，建照曲線由下方往上穿過使照曲線，技術分析之專業術語稱之為「黃金交叉」，當此一訊號出現，即代表未來房市即將回暖，之後房價可能開始上漲。因此，黃金交叉就是大家可以考慮進場買房的訊號。

## 擴張期

隨著市場信心回穩，房市進入擴張期。議價空間縮小，房價呈現穩定上漲趨勢。除擁有剛需之自住客外，投資客也逐漸進場。建商將順應市場，積極購地與推案，建造執照申請量也大幅增加。從「復甦期」新增之推案陸續完工，新成屋供給增加，使用執照面積量也開始上升。

此時，建照面積增加，使照面積增加，兩者呈同向變動。

本階段之線型判斷特徵為，建照曲線及使照曲線全部呈現上漲趨勢，且建照曲線位於使照曲線上方。當線型圖呈現此趨勢，代表整體房市熱度仍在延續，房價仍將持續上漲一段時間，暫時不需要擔心房市反轉。

## 高峰期

由於房市景氣持續擴張，房價不斷高漲。高房價問題將導致民怨四起，也使政府必須推出打房措施作為因應。部分對市場狀況較為敏感的建商，將轉而採取較為保守的態度，開始降低推案。建造執照申請開始減少，但使用執照由於前期巨量推案陸續完工，反而大幅增加。因此，建照面積減少，使照面積增加，兩者呈反向變動。

要如何利用線型判斷房市高峰期呢？當建照曲線由上方往下穿過使照曲線，專業術語稱之為「死亡交叉」，當出現此訊號，就是告訴你：接下來房市可能由盛轉衰，房價要準備下跌了。如果你是賣方，此時或許是賣房的好時機；但對買方來說，出價保守一點會比較安全。

---

＊ 出自彭建文《臺灣房地產景氣循環之研究-生產時間落差、宣告效果、總體經濟之影響》，頁 28，2000年。

## 衰退期

當房市高峰反轉型態確立,接著將進入衰退階段。此時買家需求減弱,整體市場活動放緩,房價下跌。建商推案意願低落,新案大幅衰退,建造執照大量減少。「高峰期」之推案於本期完工,因案量減少,故使照量亦同步下跌。

因此,建照面積減少,使照面積減少,兩者呈同向變動。

衰退期與擴張期之線型特徵相反,建照曲線及使照曲線全部呈現下跌趨勢,建照曲線則位於使照曲線下方。此線型圖趨勢代表的意義是,房市仍在冷靜期,房價短期並不看好,整體還需要一段時間整理,才有回溫的機會。

### 如何由建造執照、使用執照判斷房市週期?

| 復甦期 | 擴張期 | 高峰期 | 衰退期 |
|---|---|---|---|
| 建照+ 使照- | 建照+ 使照+ | 建照- 使照+ | 建照- 使照- |

數量

黃金交叉 ↓

死亡交叉 ↑

建照面積　使照面積

上漲訊號　持續看漲　下跌訊號　持續盤整

時間

參考資料:彭建文,2000,《台灣房地產景氣循環之研究-生產時間落差、宣告效果、總體經濟之影響》

前述建照及使照的線型分析，是否能準確判斷房市週期？接下來，讓我們用歷史實際變動進行比對。如下圖所示，自 2013 年起，建照面積逐年減少，至 2015 年，建照面積正式低於使照面積。建照曲線由上往下穿過使照曲線，線型圖出現「死亡交叉」訊號，宣告房市將要反轉。之後，2016 年房市開始負成長。

但 2015 年臺灣面臨經濟衰退，政府為了刺激整體經濟，從 2015 年中 ~2016 年中開始連續降息 4 次，由於資金活水的注入，使得房市谷底並未持續太久。至 2017 年，建照曲線由下方往上穿過使照曲線，線型圖出現「黃金交叉」訊號。房市再度回到復甦的軌道，並在 2019 年之後開始擴張，房價開始大幅上漲。

面對高房價造成的民怨，2020 年政府實施選擇性信用管制等打房措施，且 2022 年起開始升息升準，資金緊縮，雖然 2023 年推出新青安後再次帶動房市上漲，但建照已開始大幅萎縮。2024 年 Q3 加碼推出史上最嚴屬打房措施後，線型圖是否會再次出現「死亡交叉」訊號，則值得持續觀察。

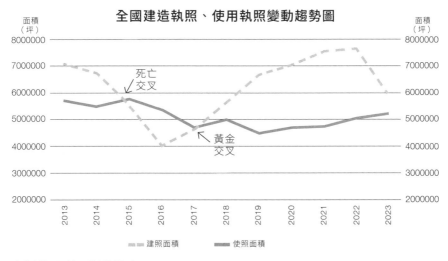

全國建造執照、使用執照變動趨勢圖

資料來源：內政部不動產資訊平台

# 成交量不會騙人！量先價行的應用

關於預測市場行情趨勢的各類分析方法，大家一定都聽過「量先價行」這個指標，它是源自股市技術分析的某個概念。在市場上，成交量往往會先於價格產生變化，也就是說，當大家對某個商品或資產的買賣意願強烈時，成交量就會增加，而價格隨後就會跟著變化。反之亦然。成交量是因、價格是果、先有量才有價，量先而價行。

打個比方，大家應該都開過車或騎過車吧？成交量就像油門，價格是車速，當車子發動，油門催下去之後，車子就會加速前進，油門催得越多，車子速度越快。鬆開油門之後，因為慣性，車速不會立即歸零，車子繼續向前滑行，但沒有持續動能，終究車子會停下來。

那麼，股市的量先價行概念，該如何應用在房市呢？量在房地產市場中指房市成交量，價則是房價。當房市熱絡，需求量支撐導致成交量放大之後，房價自然會上升。反之，當房價過高或政府推出打房政策，致使需求降低，成交量減少，房價終將下跌。

房市成交量的指標，通常以內政部「建物買賣移轉登記棟數」為準。若買賣移轉登記數量多，表示房市正熱。再配合年增率與季增率之變動趨勢，更能看出整體房市景氣的變化。

價格指標部分，則可參考內政部「住宅價格季指數」，該指數是內政部以「類重複交易法」方式編製。依據不動產實際成交資料，尋找具替代性的案例，計算不同價格日期下，兩者之房價變

動幅度。可作為衡量住宅房屋價格變化的指標。

對照歷史走向來看，如下圖我們可以知道，2013~2014年房市交易量減少13.79%，2014年交易量創SARS以來12年最低，同時房價創新高，由於出現前述價漲量縮、價量背離之情形，2015年房市開始反轉。但如前述，在政府4次降息搶救的資金效應中和下，房價跌幅有限。

再看2019~2020年房市，交易量增加8.76%，2020年交易量創7年新高，同時房價創新高，價量齊揚，2021年後房價大漲。所以就近年房市走向來看，「量先價行」仍有參考性。

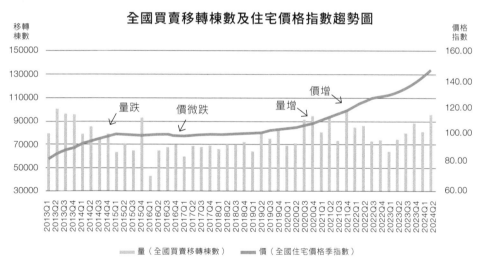

**全國買賣移轉棟數及住宅價格指數趨勢圖**

量（全國買賣移轉棟數）　價（全國住宅價格季指數）

資料來源：內政部不動產資訊平台

# 🏠 理解房市週期，提高買房勝算

當然，我們會看到有些人舉出反例，試圖證明房市的技術分析規律不存在。但每天都在股票市場廝殺的人一定知道，技術分析指標出現假突破的情況本來就司空見慣，但仍然不妨礙這些指標的可用性。

總結來說，房市使用量先價行來預測是否準確的關鍵在於，市場走勢能否真實確立，而非短期整理，以及是否出現政策改變等外部因素的干擾。例如原本 2023 年 1~8 月房市交易量減少 13.17%，2023 年交易量原本預計將創下 5 年新低，但由於新青安房貸在 2023 年 Q3 推出後，讓成交量起死回生，也一舉改變了市場態勢。

想買房，就必須懂得辨識所處的房市景氣階段，盡量保持理性，不要被市場情緒左右。並根據自己的買房目標和風險承受能力，建立一套標準，才能做出更明智的決策。而技術分析是一種有用的工具，但它終究只是判斷市場的方法之一，無法保證絕對準確，我們應該一併考量產業、交通等房市基本面，才能做出更全面的判斷。

# 地段、地段、還是地段？
# 買房的首要考量

你是否曾聽聞周遭的親朋好友有過這樣的買房經驗：幾年前的同樣時間點購入的房子，現在已經增值幾百萬了，但自己的房屋價格卻像烏龜一樣慢慢爬。當初花了一樣多的錢買房，別人的房子漲得多，自己房子漲得少。為什麼會有這樣的差異呢？答案只有一個，因為別人選擇買房的區域發展比較好。我要先提醒各位一個大原則：

> 地段，是決定買房增值的關鍵。

房地產位置是固定的，不像其他商品可以自由移動，而每間房子的地理位置及周遭環境條件都不同，就像人的指紋一樣，獨一無二。當你決定在哪個地段買房的一刻，就已經決定了這間房未來會不會賺錢、賺的是多是少。那麼，買房時要如何挑選地段，未來增值幅度才會最大呢？以下提供你3種判斷方法：

## ⌂ 當地是否有產業？

　　臺灣這幾年的房市發展有個關鍵指標：臺積電效應。臺積電到哪裡設廠，哪裡房價就會大漲，從新竹、苗栗、臺中、臺南及高雄，無一例外。這樣的榮景，甚至連海外也適用，臺積電到日本熊本設廠後，也帶動了當地房價大幅飆升。以產業帶動當地經濟發展，進而提升房價，其實背後是有理論基礎的。

　　從土地經濟學的經濟基礎理論，我們可以知道，一個地區的經濟發展，是由其「基礎性產業」所驅動的。這些基礎性產業就像是一個地區的經濟引擎，帶來了區域收入、提供了就業機會，也促進其他產業的發展。

　　本理論的基礎是將區域中的產業區分為「基礎性產業」以及「地方服務性產業」兩種。劃分基準是依據該產業之產品，是否能對外輸出，而非僅限於當地消費。

　　而所謂基礎性產業，指的是該產業所生產的產品或服務，主要銷售到所在地區以外。例如製造業的營運模式，是在當地工廠生產後，再透過運輸物流銷售到其他區域。這些產業就如同地區的經濟命脈，能帶來外來收入、刺激消費、帶動當地服務業的發展，形成良性循環。

　　至於為什麼基礎性產業可以帶動地方的經濟發展？首先是就業機會，因為製造業等基礎性產業的發展需要勞動力，能提供當地更多工作機會，增加居民收入。產業的投資，則會吸引更多資金投入，促進地方經濟發展。最後，將進一步帶動整體產業鏈以及運輸、倉儲、金融等相關產業的發展，形成產業集聚效益。

Point

**新竹房價高居不下的原因**

新竹縣市是以高科技產業為基礎性產業。在設立新竹科學園區之後，以半導體產業為基礎，帶動了周邊的電子、資訊產業發展，也吸引了不少高科技人才，促使新竹地區成為臺灣重要的科技重鎮。

新竹的房價也因此有了相當幅度的成長，依據內政部不動產資訊平臺「買賣契約價格平均單價」，新竹市電梯大廈平均單價由 2009 年第 4 季的 13.08 萬元，上漲到 2024 年第 2 季的 31.81 萬元，漲幅143.20 ％；新竹縣電梯大廈也由平均單價 12.47 萬元，上漲到 2024 年第 2 季的 31.96 萬元，漲幅達 156.30 ％。在基礎產業的支撐下，對於地方經濟的影響十分明顯。

## 當地是否有重大公共建設？

桃園機場捷運自 2017 年通車以來，帶動了捷運站周邊的發展。特別是青埔特區以及林口新市鎮等幾個精華站點，房價的漲幅更為明顯。為什麼政府興建了一座新的捷運站或開闢了新的大型公園，該地區的房價就會開始上漲呢？其中的原因就是土地經濟學中的公共設施資本化理論。

公共設施資本化，指的是政府所提供的公共設施，例如道路、公園、學校、捷運等，其帶來的效益會反映在房地產的價格上。也就是說，這些公共設施所帶來的便利性與生活品質的提升，會推高房地產價格。在政府眾多公共建設類型中，重大交通建設常被認為是最明顯的一大利多。

與公共設施資本化相反的概念是稅的資本化，它則是指房地產所要負擔的稅賦，會反映在房地產的價格上。也就是說，當房地產所要繳納的稅負（tax burden）增加時，它的市場價值就會相

對降低。如果政府提高了購買房地產的相關稅負，那麼買家就會考慮到未來增加的持有成本，只願意支付較低的價格購買。

因此，公共設施資本化會使房地產價格上漲，而稅的資本化則會使房地產價格下跌。在理想情況下，如果政府妥善使用兩種工具，公共設施資本化所帶來的價格上漲，會被稅的資本化造成的價格下跌所抵消，使區域的房地產價格保持相對穩定。

綜合前述兩個重點，通常我們在評估地段增值潛力時，會看是否有基礎產業及交通重大建設。但就其影響程度，雖然交通建設對於房價有正面幫助。但更重要的核心還是產業。

簡單來說，區域就像木炭，交通則是火種。如果區域本身有好的發展條件，加上產業進駐，交通條件一改善，房價自然會一路上漲。但如果區域條件差，腹地小、氣候差、無基礎產業進駐，只點燃火種，房價漲幅就沒那麼大了。以新北深坑為例，該地區雖然有信義快速道路和國道 3 號，到 101 只要 10 分鐘，但房價還是相對較低。

## 🏠 房子的土地使用分區為何？

讀到這裡，已經了解到如何從縣市、行政區的宏觀角度，來判斷整體區域增值潛力。接著要來講解如何判斷區域內單筆土地的條件優劣。每塊地雖然表面上看起來相同，但開發的潛力跟用途卻完全不一樣。而其中的關鍵，就在於「土地使用分區」。

就如同大富翁的遊戲規則一樣，政府在進行都市規劃時，為了避免相互干擾，對於每塊土地都已預先規定了各種不同的用途，

包含住宅區、商業區、公園學校用地等。這就是土地使用分區的意義。

在這樣的制度下，每筆土地必須依據法定用途使用，也決定了該地能蓋什麼樣的房子。住宅區土地以興建住家為原則，再搭配其他商業店面等輔助功能使用；工業區土地主要蓋工廠；商業區土地則是蓋店面、辦公室。如果違反分區規定，不僅銀行貸款額度可能受影響，還會有被政府取締罰款的風險。

除了我們熟知的工業區蓋出的「工業住宅」，會有違法使用的疑慮外。依據各地都市計畫的不同規定，在商業區及娛樂區興建住宅，一樣可能出問題。

比方說，臺北市大直明水路、敬業路與樂群路一帶的大彎北段，依都市計畫規劃為臺北市商業娛樂中心，並明文記載商業區、娛樂區不得做住宅使用。但由於地段條件佳，為了方便銷售，許多開發案陸續違規作為住宅使用，經監察院 2016 年提出糾正後，臺北市政府後續才針對住宅違規使用戶進行列管，後續規劃將透過繳交回饋代金方式，始能合法。

因此，買房時，記得要確認房屋所在地的土地使用分區以及房屋的用途，才能了解房屋是否合法使用。除此之外，社區周邊土地的分區也同樣重要，例如，你想買的社區，前方現在是綠地，有令人心曠神怡的景觀，但它可能只是還沒蓋好的建地，未來房子蓋好之後景觀也會隨之消失。而我們只要查詢土地使用分區，先確認前方綠地是否為公園用地，就可以避免踩雷囉！

除了用途外，土地使用分區對於每塊地可以蓋出多少坪的房

子，也有其規定，這就是我們常聽到的「容積率」。容積率越高，代表土地坪效越高，可以蓋的坪數越多，開發價值也越高。以臺北市為例，住宅區分為住 1 至住 4-1，商業區分為商 1 至商 4。原則上，商業區容積率高於住宅區。數字越大，容積率越高。

高容積意味著可以建造高樓層的大樓。在過去，有許多都市土地低度利用，明明分區是可蓋大樓的商業區，現況卻只是 4、5 層樓的老公寓，背後就隱藏著巨大的都更潛力。如果，你是為了想賺都更財才想買老公寓，在評估未來是否真的有都更改建的可行性時，確認坐落基地的「土地使用分區」更是必查的重點。

Point
**土地使用分區的查詢方法**
我們可透過內政部國土管理署建置之「全國土地使用分區資料查詢系統」進行搜尋（可輸入以下網址或掃描 QR Code：https://luz.tcd.gov.tw/web/），全臺灣都能查得到喔。

## 產業、交通、分區：
## 買房選對地段的 3 大要訣

土地的異質性和不可移動性，使得每塊土地都無法複製。而土地的區位條件，如交通、環境、設施等，則決定了這塊土地的價值。而產業和交通等政府重大公共建設，以及土地的使用分區，正是影響土地區位好壞的重要關鍵。

所以，想評估眼前房子所在的地段，未來是否有增值潛力，就

看 3 點：第一看產業、第二看交通，第三看分區。產業及交通重大建設，通常能帶動地方的發展，引導區域房價上漲。房子坐落地段的土地使用分區，則是能避免踩雷。後續的第 6 章，我將進一步從產業及交通政府重大建設之觀點，為大家分析六都最具潛力的購屋增值區域。

# 如何挑選優質建案？
# 首購族的選房技巧

　　買房子除了考量地點、價格、坪數外，建商和營造廠的優劣也是影響房屋品質的關鍵因素。有良好口碑的建商，代表他們過去的建案品質受到市場肯定，對消費者也展示出負責的態度。而營造廠的施工品質則直接影響房屋結構安全和耐用性，一間優秀的營造廠，能確保房屋的結構安全。

　　選擇優質建商和營造廠，是買房成功的第一步。深入了解建商和營造廠的背景、實績和口碑，可以降低購買到瑕疵房屋的風險。除此之外，要判斷建案品質，也可從它是否具備建築標章來進行篩選。取得建築標章，意味著這棟建築在設計與施工過程中符合了環保、節能、耐震的標準。因此，懂得選擇建商、營造廠，再加上建築標章，挑中的建案自然有品質。

## 🏠 如何挑選建商？

　　蓋一棟房子，從一開始的建築設計到後面營建施工，需要整合建築師、土木及結構技師、營造及下游包商等不同類型的廠商。建商扮演的角色就像是專案經理（Project Manager），負責在

整個蓋房子的流程中協調整合不同廠商，確保一切工作任務能夠順利進行。

一個認真負責的 PM 會跟緊專案的每個流程，確保每顆螺絲都沒有鬆掉。所以在看建案時，只要先挑對建商，就如同找到了認真負責的專案經理一樣。

而挑選建商時，重點在於公司背景與過去的建案實績。建商過去經驗越豐富，資本額越雄厚，表示公司經營穩定，財務狀況良好。通常大家比較擔心的是遇到「一案建商」，顧名思義，就是只蓋一案或建案不多的建商，他們可能蓋完一個建案就解散，也可能換名字繼續蓋下個建案。這樣的建商，不僅沒有任何紀錄可參考，若發生糾紛，要追討賠償，往往困難重重。

所以，買房的時候，選擇上市櫃建商或大品牌建商，當然比較有保障。畢竟公司想要上市櫃，上櫃資本額須達 5000 萬以上，設立 2 年，上市資本額 6 億以上，設立 3 年，獲利能力也須符合一定要求。上市櫃公司的穩定財務，就是建案順利完工且有能力解決糾紛的重要保證。不過，當房市景氣反轉時，就連恆大集團這種中國地產龍頭也沒能逃過，蓋出的房照樣成了爛尾樓。

那麼，要如何避免踩雷呢？以下就介紹簡單的財報指標，教你判斷上市櫃建商財務是否穩健。財報指標雖然聽起來很可怕，但其實用 Google 就能查得到，就算數學不好也沒問題。

## 利息保障倍數 2 倍以上

利息保障倍數（＝稅前息前純益 ÷ 利息支出），它代表一家公司支付利息的能力。利息支付是公司經營最基本的財務能力，就

像中國碧桂園的例子，如果連利息都還不出來，導致債務違約，公司將瀕臨倒閉風險。利息保障倍數越大，代表企業支付利息費用的能力越強，可以用 2 倍作為基準。

### 營業現金流量為正

營業現金流量，是公司靠本業實際賺到的現金，不包含「應收帳款」這些沒真正收到的錢，它是公司真正收到口袋的現金。雖然建商的營業周期較長，只有建案完工交屋時才能認列營收，但如果跨越數個營業週期，營收長期持續出現負值，遇到打房或景氣反轉，就容易周轉不靈，有無法支付債務利息導致資金斷鏈的疑慮。

## 🏠 如何挑選營造廠？

營造廠是建案施工的執行者，即使建築師的設計再好，如果工程沒有辦法依據圖面確實完工，也是枉然。優秀的營造廠擁有豐富的施工經驗，更具備嚴謹的品質控管機制。選擇有良好口碑的營造廠，是確保建案品質的重要指標，更可以幫助你聰明選到適合居住的好房子。以下先來介紹挑選營造廠的 3 種方式：

### 依營造廠等級區分

依據營造業法相關規定，營造廠分為甲、乙、丙 3 種等級，依據資本額及承作實績來區分，等級越高的營造廠，規模越大，也比較不會發生蓋到一半跑路的情況。

| 營造廠<br>等級 | 資本額 | 承攬造價限額 | 升級門檻 |
|---|---|---|---|
| 甲等<br>營造廠 | 2,250 萬元以上 | 限額為其資本額之 10 倍，其工程規模不受限制 | 需要具備乙等營造廠有 3 年業績、5 年內承攬工程竣工累積 3 億元以上、經評鑑 3 年列為第一級，才能由乙等升等為甲等。 |
| 乙等<br>營造廠 | 1,200 萬元以上 | 限額 9000 萬元 | 需要具備丙等營造廠有 3 年業績、5 年內承攬工程竣工累積 2 億元以上、經評鑑 2 年列為第一級，才能由丙等升等為乙等。 |
| 丙等<br>營造廠 | 至少 360 萬元以上 | 限額 2700 萬元 | 無。 |

## 建築工程履歷查詢

從 以 下 系 統（https://cloudbm.nlma.gov.tw/CPTL/cpt0416m.do）或掃描 QR Code 可以查詢建商（起造人）、建築師（設計人／監造人）以及營造廠（承造人）的基本資料、獎懲紀錄以及過去的實績。可以一次確認案件承辦經驗豐不豐富，以及過去興建建案有哪些，然後再查詢這些建案已購住戶的口碑。

## 司法院裁判書查詢

我們可透過以下網址（https://judgment.judicial.gov.tw/FJUD/default.aspx）或掃描 QR Code 查詢建商或營造廠的名稱及負責人姓名，來了解該建

商、營造廠及負責人，過去是否有施工品質的相關訴訟。但需要留意的是，因為我們是以關鍵字查詢，所以未必只要是出現公司名稱，即表示有問題。必須詳細查閱內文，才能確認訴訟內容是否與其相關。

## 建築標章包含哪些？

關於建案的施工品質，也可以選擇透過是否具備第三方認證的建築標章來決定。

建築標章是一種認證制度，由政府或委由民間相關機構核發，用來評估建築物是否符合特定標準。由第三方認證之建築標章來協助判斷建物品質，會比無經驗的新手自己做功課來得容易。接下來我們將說明以下幾種標章所代表的指標意義。

### 耐震標章

耐震標章可分為以下兩階段，和其他標章相比，耐震標章的申請門檻最高。

| 耐震設計標章 | | 耐震標章 |
|---|---|---|
| 於設計階段，針對建案的規劃設計進行評估，確保建物符合標準，且具備施工的可行性，可取得本標章。 | & | 於施工階段，必須於興建時，透過特別監督制度，判斷施工品質是否符合標準才能頒發。 |

## 綠建築標章

綠建築標章亦分為兩階段：

| 綠建築候選證書 | 建案規劃設計或施工中，審查通過合於綠建築評估指標標準，可取得本證書。 |
|---|---|
| 綠建築標章 | 取得使用執照或既有合法建物之後，符合評估指標標準即可獲得。 |

　　評估指標包含：綠化量、基地保水、生物多樣性、日常節能、二氧化碳減量、廢棄物減量、室內環境、水資源、污水垃圾改善等 9 大指標。申請綠建築標章或綠建築候選證書時，至少必須通過 4 項指標，其中，日常節能及水資源兩項是必要的門檻。

　　分級評估等級由合格至最優等依序為合格級、銅級、銀級、黃金級、鑽石級等 5 級。政府目前興建之社會住宅，均取得銀級的綠建築標章，可依此標準做為參考。

### 智慧建築標章

智慧建築評估，同樣分兩個階段：

**候選智慧建築證書** → 於規劃設計階段，取得建照後申請，符合規定者發給證書。

**智慧建築標章** → 於建物完工時提出申請，若符合智慧建築相關規定，於取得使用執照後，核發標章。

　　智慧建築評估原分為 8 項指標，目前依《智慧建築評估手冊 2024 年版》已整合為 6 項指標，分別為：基礎設施、維運管理、安全防災、節能管理、健康舒適及智慧創新指標。智慧建築評估亦分為 5 等級：合格級、銅級、銀級、黃金級、鑽石級。政府目前興建之社會住宅，則取得合格級的智慧建築標章，可讓大家作為參考。

##  好建商、營造廠加上建築標章，就是優質建案的保證

　　挑中好的建商和營造廠，就像為自己未來的家選擇一個可靠的夥伴，不僅提供優質的建築，更有完整的售後服務。

> 在簽約前，一定要充分了解建商和營造廠的背景，
> 才能買到一間安心、舒適的房子。

　　除此之外，取得建築標章的建物，因為必須通過嚴格的審核，以確保建築品質。從務實的觀點來看，好的建商品牌並且有取得建築標章的房屋，通常更受消費者青睞，不但未來轉售時更容易，保值性也相對較高。

# 5-5

# 建立觀念：
# 首購族正確的購屋心態

　　買房就像是一場精心規劃的自助旅行，在這過程中沒有人可以從頭到尾帶著你。尤其是在資訊不對稱的臺灣房地產市場，媒體上又充斥著置入性行銷，以致很容易被銷售人員或仲介的話術牽著走。唯有具備正確的心態，並事先設定好完善的買房策略，才能幫助你更順利地買到夢想家園。

　　這幾年臺灣房市變化快速，市場瀰漫著衝動性買房的氛圍，彷彿今天不買，明天就會更貴。但是買房不只是一樁交易，而是選擇適合自己生活的地方，若抱著錯誤心態，不只可能短期面臨虧損的風險，也可能導致居住環境不符合需求，影響生活品質。掌握了前幾節的原則之後，接下來想和大家分享，購屋時應具備的3種心態。

## 🏠 屋齡、坪數、價格無法同時滿足

　　過去經常有客戶來諮詢，希望我幫忙推薦物件，不管來自哪個縣市，多數人都期望屋齡不要太舊，坪數不能太小，重點是價格還不能太貴！這種時候，我都會默默地給他們看下面這張圖。

房子要新，總價還不能太高？只能買到坪數小又公設比高的鳥籠；坪數要大，總價還不能太高？只能選到地點又遠又舊的老房子；房子要新，坪數還不能太小太壓迫？你的口袋可能要夠深才能買得起。

買房子要便宜，又要新，坪數還要夠大？不好意思，我們是找不到這種房子的，連凶宅都沒有。

**買房心態三角**

買房就像挑選伴侶，本來就很難找到完全符合所有條件的人，因此，我們必須在各種優缺點之中有所取捨。好的區位、大坪數、屋齡新，這些條件通常代表要付出更高的價格。在有限的預算下，當然很難同時滿足所有條件，想要買在市中心，必須要犧牲空間。買在重劃區，就得忍受區域成熟前的生活不便。

> 在有限的預算和資源下，我們要學會權衡利弊，
> 做出最理性的決定。

那麼，要如何在預算限制下做出最佳選擇呢？

## Step 1. 根據自己的需求，將購屋條件分類

我們可以將條件分為「必備」、「可有可無」和「可放棄」。要先弄清楚自己和家人在居住環境上最重視的是什麼？是交通便利、生活機能，還是更大的空間？然後再對這些要素進行排序，並衡量每個選項的優缺點。在需求的規劃上，必須以長遠的時間來考量，依據預計的買房持有時間，將未來更換工作的可能性以及家庭成員變化一併納入。

## Step 2. 依據需求進行彈性調整

再來，可以考慮將地點條件稍微放寬，挑出交通稍微不便，但生活機能還不錯的地區。若缺乏大眾運輸工具，可以考慮自行開車或騎乘機車等交通方式。也可以考慮小坪數的房子，只要透過巧妙的空間規劃，就有機會創造出舒適的生活。而屋齡稍舊的房子，有公設比較低的優點，但要仔細檢查屋況，並預留一筆裝修費用。

買房子前要好好思考的是，在屋齡、坪數、價格之間，我們要犧牲什麼？天底下沒有十全十美的房子，某些不嚴重的小缺點，反而有利於議價，讓自己有機會能夠用較划算的價格購入。買房時，要學會接受瑕疵，才能有效分配預算和資源。

## 🏠 便宜治百病，不要追價

2024 年，股市漲跌波動驚人，股房兼修、持有不少股票的我當然也沒有逃過年中這波跌幅，資產減損了不少。但說實話，整體並沒有帶來太大的痛感，為什麼呢？因為近一年我的股票報酬率，也只是從賺 60% 回到 30%，依然符合長期獲利的目標。畢竟上半年市場表現超出正常值太多了，本來就不可能天天過年。

怎麼做到的呢？不是精準地在股票大跌前就提早出場，也不是靠做空彌補獲利，沒有什麼了不起的技術，就只是我先前買的股價夠便宜。

股神巴菲特的投資理論有個重要的概念，叫做「安全邊際」（Margin of safety），指的是當內在價值與價格的差距越大，就越能保障投資的安全性。簡單的說就是便宜治百病。

價值 90 元的東西，當初用 80 元買，現在市價漲到 100 元。當市價跌回 80 元，別人賠了 20 元，你卻依然完全沒虧損。只要不買貴，當價格下跌，安全邊際所創造的價差就像汽車的安全氣囊一樣，可以為你提供緩衝，讓損失降到最低。反過來說，當市價上漲為 120 元，別人只賺 20 元，你可以賺到 40 元，賺得也會比別人多。

所以在價格下跌的熊市，安全邊際可以讓你虧更少，在價格上漲的牛市，可以讓你賺更多。不但降低虧損，還能放大獲利，進可攻、退可守。

雖然世上沒有人有辦法精準預測市場漲跌，一般人也不一定有能力評估內在價值，但你可以選擇不要追高，讓自己對市場漲跌

有更好的承受能力。當你買在最高點，就喪失了「安全邊際」的保護，也提高了虧損的風險。

> 「追高殺低」是投資市場上常見的錯誤行為，
> 在房地產市場更是如此。

當房價不斷上漲，許多人會產生「房價只會漲不會跌」的錯覺。現在有些區域房市，在這幾年錯失恐懼的情緒下，預售屋房價的漲幅相當誇張，5 年的漲幅甚至逼近 90%。

如果你還是想在這些漲幅已經過高的區域買房，不管銷售人員說得再天花亂墜，宣稱房市未來有多大的利多，建議你還是冷靜思考一下，你的買價是否夠便宜？是否有足夠的安全邊際，能夠支撐你未來一切可能的價格波動？

## 🏠 分清楚投機與投資的差別

這兩年臺灣股房一片大好，所有人都爭先恐後進場，大家唯恐沒有賺到這波，自己所累積財富就會被他人甩在後頭。但是以這樣的心態進場，究竟是在投資，還是投機呢？

所謂的投資，是買便宜。如果一隻母雞未來能生出 500 元的雞蛋，現在用 400 元能買到。未來賺到的現金流，超過現在的買價，這就是投資。

　　而投機則是未來實際的現金流不重要，只要未來賣價上漲就夠了。只能生出 500 元雞蛋的母雞，還是可以用 500 甚至 600 元去購買。反正可能缺蛋，未來一定會有人用 700 元買母雞的。純靠哄抬價格，去賭未來的賣價將超過現在的買價，這是投機心態。

　　在投資學中，有個概念被稱之為博傻理論（Greater fool theory），也就是明知道自己買貴了，但我笨一點沒關係，只要後面接盤的人比我更笨就可以了。因為總是會有比我還笨的人，用比我更貴的價格跟我買貨。所以，雖然我的買價不低，但這筆交易還是會有大賺的可能。不過遺憾的是，價格還是有極限的，後面想接盤的人，遲早會發現只能生出 500 元的母雞，已經被哄抬到 1000 元了，這個時候還會有人想當下一個傻子嗎？

　　臺灣房地產經過這一波房價大漲跟升息之後，都會區的租金報酬率不到 2%，收到的租金甚至連每個月的貸款利息都不夠付。買房只考慮租金卻幾乎沒賺，真正的獲利，反而必須靠未來有人用更貴的買價接盤，你也只剩房價增值可以賺。

　　如果買房是為了自住，滿足各項需求之後就可以進場。但若是想靠買房來賺一票，就應該好好思考一下了。

## 心態正確與否，決定買房的結果

　　房地產市場，唯一不變的就是變，要有心理準備應對經濟情勢變動、政府打房等突發狀況。這世上沒有完美的房子，找到符合大部分需求的房子即可。一味追求完美、總是挑三揀四，反而會錯失良機。

買房是一場馬拉松，而不是百米短跑。

　　想快速取得結果，並不見得是好事。擁有正確的心態，才能在購屋的道路上走得更穩健、更長遠，並取得好的結果。購屋心態也會直接影響你在看房、議價、簽約等各階段的決策。如果認為越快買到房子越好，而沒有在每個階段仔細評估，甚至會導致你忽略了自身的經濟能力而勉強購屋。

# 有都更機會的老公寓，
# 如何評估潛在價值？

一般人想買老公寓，背後的考量可歸納為以下幾點：

❶ 價格低。同樣享受蛋黃區的優質生活環境，買老公寓所付出的成本可能比新大樓少一半，CP值較高。

❷ 室內面積大。新大樓公設比至少30%起跳，而老公寓的公設通常只有最基本的走道樓梯間，坪數較為實在。

❸ 買一個都更的夢。如果未來中都更樂透，重建後的房價可望直接漲一倍。

其實，仲介也看準了買方的心態，在銷售時經常會漫天開價，用未來都更分到的新屋房價來洗腦買方。不過，都更並非容易之事，就算知道日後新屋房價可能大漲，但不知何年何月才有機會實現，那麼，該怎麼看待老屋的都更潛在價值，便成了是否要買老公寓的最大難題。

以下我就來跟大家分享，如果想買有機會都更的老公寓，該如何評估？對此，我們需要先建立3個基礎概念：

## ● 考慮貨幣的時間價值

都更的新屋增值是走完流程、分回房屋才會發生的。同樣價值6000萬，10年後的6000萬與現在的6000萬，在財務概念上是完全不同的，現在的1塊錢比未來的1塊錢更有價值，因此，未來的獲利一定要運用折現的概念換算為現在的價值才有意義。

## ● 考慮實際的資金成本

當我們買房時，通常會有一部分是自備款，另一部分則是向銀行申請房貸。計算折現率時，要考慮自備款的機會成本，也就是你把這筆錢拿去投資，可能獲得的報酬以及貸款的利息成本。

## ● 考慮都更的流程進度

都市更新程序，簡單可以分成住戶意見整合、都更計畫審議及建物興建施工 3 個階段。如果樂觀一點評估，整合所有住戶意見達到都更的 8 成門檻，至少需要 2~3 年。事業概要、事業計畫、權利變換計畫等政府計畫審議需要 2~3 年，最後加上興建房屋，也要 3 年以上。

加總之後，整體都更流程平均至少 10 年。評估價值時，必須考慮目前處於都更的哪個階段，並推估未來還需要多久才能完工分回，才能決定折現之年數。

當我們具備了基礎概念，就可依貨幣時間價值之現值公式，評估物件的潛在價值：

$$目前潛在價值 = \frac{都更交屋後新屋房價}{(1 + 折現率)^{(折現年數)}}$$

## ● 都更潛在價值試算

舉個簡單的例子，實際算給大家看，並說明背後的邏輯。只要了解評估的基礎概念，不管以後條件怎麼變，都難不倒你了。

## 【案例】

允兒看上了一間有都更機會的老公寓，仲介表示，依據土地持分試算，都更後可以分回新屋 50 坪，乘上未來新屋價格 120 萬，因此老公寓至少值 6000 萬，如何評估價值才算合理？

## 【解析】

依據前述分析，都更潛在價值應考慮時間價值加以折現，並考慮都更階段後進行試算。現已知都更完工分回之新屋總價為 6000 萬，假設考慮自備款要求報酬率以及房貸利息成本後之折現率為 5%。依不同類型計算如下：

### 類型 A　若建物不符合都更基本條件：無法評估

許多人常有個錯誤的認知，認為只要是老公寓就會有都更的機會。但事情並沒有這麼簡單，都更是有基本門檻的，而非所有老房都能都更。

首先是區位條件，既然是都市更新，房屋所在地自然必須位於「**都市計畫區域**」內，而且必須被劃入「都市更新地區」或「都市更新單元」，想自行劃定「都市更新單元」，則必須符合地方政府更新單元劃定標準。要查詢建物是否在更新地區內，可至內政部國土管理署「都市更新入口網」，即可獲得相關資訊。

其次，建物本身必須是屋齡 30 年以上的合法建物。如果不是重建，而是整建或維護，屋齡也必須 20 年以上。房子是違建或屋齡不符規定，是沒有辦法都更的。

因此，這間公寓如果屋齡未達 30 年，或是沒被劃入「都市更新地區」或「都市更新單元」。也不符合自行劃定「都市更新單元」之標準，能不能都更都尚在未定之天，談都更只是純粹畫大餅，都更潛在價值無法評估。

┌─ 目前潛在價值 ──────────────────────┐
│　　　　　　　　無法估算。　　　　　　　　│
└─────────────────────────────────┘

**類型 B** 若同意戶未達都更申請門檻：以 10 年折現

當建物符合都更條件，但仍處於住戶之意見整合階段，依據先前所述，至都更完成可能至少要 10 年，因此，折現年數以 10 年來進行計算。

┌─ 目前潛在價值 ─────────────────────────────

＝都更交屋後新屋房價 ÷（1+ 折現率）$^{(折現年數)}$
＝ 6000 萬 ÷（1+5%）$^{10}$
＝ 3683 萬

└──────────────────────────────────────────

**類型 C** 處於政府審議階段：以 6 年折現

當同意戶數已達到都更 8 成門檻，並已送件處於政府審議階段，依據先前所述，可推估至都更完成還要 6 年，因此，折現年數以 6 年進行計算。

┌─ 目前潛在價值 ─────────────────────────────

＝都更交屋後新屋房價 ÷（1+ 折現率）$^{(折現年數)}$
＝ 6000 萬 ÷（1+5%）$^{6}$
＝ 4477 萬

└──────────────────────────────────────────

透過以上的舉例分析，可計算求得有都更機會老公寓的潛在價值，此時，我們再與屋主開價進行比較，即可確認是否值得購入。若潛在價值高於目前價格，代表未來可能賺取之都更增值，大於目前取得成本，此標的就是有獲利潛力的好物件。

Chapter 6

臺灣六都
房地產之
購屋指南

# 臺北市：房價高、需求旺，青年購房大不易

　　臺北是臺灣首都，也是房價最高的城市，因此常被大家戲稱是真實人生版的「天龍國」。依據內政部 2024 年第 2 季統計資料，臺北市房價所得比高達 16.36 倍，也就是說，以普通家庭的所得水準，必須要 16 年不吃不喝，才有機會在臺北擁有自己的小窩。要住進天龍國，似乎成了遙不可及的夢想。

　　雖然房價高昂，但工作機會與良好的居住品質，還是讓許多人離開家鄉到臺北生活。那麼，如果想在臺北買房，未來有哪些商圈發展重心？又有哪個區域房價相對友善，是首購族比較有機會買得起的？接下來就為大家分析看看。

## 🏠 買房需求最強的地方：文山、內湖、南港

　　房地產如同其他商品，遵循著經濟學的供需理論。當人口增加，也意味著需要更多房屋來滿足人們的居住需求。區域人口變動是買房需求強弱最直接的判斷指標。作為臺灣政治經濟中心的臺北，各區人口呈現怎樣的變化呢？讓我們參考下頁表格：

| | 人口數 | | | 戶數 | | |
|---|---|---|---|---|---|---|
| 行政區 | 2015年5月 | 2024年12月 | 成長率(%) | 2015年5月 | 2024年12月 | 成長率(%) |
| 臺北市 | 2,705,921 | 2,490,869 | -7.95% | 1,040,859 | 1,071,493 | 2.94% |
| 松山區 | 210,794 | 191,826 | -9.00% | 80,361 | 80,793 | 0.54% |
| 信義區 | 229,653 | 205,067 | -10.71% | 89,406 | 89,966 | 0.63% |
| 大安區 | 314,360 | 289,908 | -7.78% | 120,518 | 120,306 | -0.18% |
| 中山區 | 230,941 | 215,245 | -6.80% | 98,682 | 101,946 | 3.31% |
| 中正區 | 163,446 | 148,375 | -9.22% | 65,279 | 65,637 | 0.55% |
| 大同區 | 131,030 | 118,992 | -9.19% | 51,385 | 53,751 | 4.60% |
| 萬華區 | 194,296 | 171,915 | -11.52% | 78,124 | 80,322 | 2.81% |
| 文山區 | 274,722 | 258,333 | -5.97% | 103,802 | 109,543 | 5.53% |
| 南港區 | 121,552 | 112,643 | -7.33% | 46,073 | 48,459 | 5.18% |
| 內湖區 | 286,764 | 273,748 | -4.54% | 105,973 | 111,767 | 5.47% |
| 士林區 | 290,711 | 264,194 | -9.12% | 105,896 | 108,840 | 2.78% |
| 北投區 | 257,652 | 240,623 | -6.61% | 95,360 | 100,163 | 5.04% |

資料來源：內政部戶政司

近幾年，在臺北房價居高不下的情況下，掀起了一股「脫北潮」，導致臺北市的人口大幅減少。依據內政部戶政司統計資料，臺北市總人口數自 2015 年 5 月之 270.6 萬人，減少為 2024 年 12 月之 249.1 萬人，成長率為 -7.95%。人口減少幅度為六都之首。

但若改以戶數角度來看，臺北市總戶數從 104.1 萬戶增加為 107.1 萬戶，成長率為 2.94%。戶數成長率雖為六都之末，但仍為正成長，在新增戶數的動能下，依舊維持著一定的買房需求。

再來，就個別行政區分析，人口數均為減少，戶數則有增有減。總戶數成長率增加最多的區域為文教氣息濃厚的文山區，在房價親民且居住環境單純的優勢下，總戶數成長率為 5.53%，總

人口成長率為 -5.97%。

　　其次為內湖區，在內湖科學園區帶動的效應下，總戶數成長率為 5.47%。總人口成長率則為 -4.54%，人口流失比率最少。第三則為南港區，南港軟體工業園區發揮了如同內科的人口磁吸效益，總戶數成長率為 5.18%，總人口成長率則為 -7.33%。

## 🏠 臺北最具升值潛力的區域

　　臺灣房市有句話這麼形容：「哪裡有臺積電，哪裡房地產就會漲。」產業建設扮演了讓人判斷區位發展潛力的關鍵角色，即使是已高度發展的臺北，也仍存在重大開發案即將進場的房價凹陷區等待發掘。未來臺北有哪些規劃中的重大建設，而哪些區域又有可能受惠呢？

### 重大建設①：北投士林科技園區

→影響區域：士林區、北投區

　　北投士林科技園區，簡稱「北士科」，位於北投區與士林區之交界處，面積約 94.38 公頃。鄰近北投、天母現有商圈、捷運淡水線明德、芝山及士林站，區位條件優異。園區土地規劃用途除科技產業專區供廠商進駐外，也涵蓋了一定面積之住宅供給，是寸土寸金、土地極度稀缺的臺北，僅餘的最後一塊大型重劃區，發展潛力不言可喻。

　　依據臺北市政府之規劃，北士科未來將與南港生技產業聚落、大內湖科技園區、社子島計畫與及圓山新創聚落，形成臺北市科

技產業廊帶，帶動周邊區域發展。北士科規劃以「智慧健康產業」與「數位技術服務」產業作為基地引入之主軸產業，中鼎工程第二總部已完工、未來尚有金仁寶集團與新光人壽等大型企業將陸續進駐。

## 重大建設②：東區門戶計畫

### →影響區域：南港區

南港是臺北近年來發展迅速的重點區域，在政府千億元資源的投入下，將南港塑造成為交通、軟體、會展、生技及文創等 5 大中心。

「東區門戶計畫」預計透過 8 大構想（如下圖）使南港成為東區轉運中心，未來將透過政府 4 年之開發計畫，帶動後續民間 8 年投資，提升生技文創產業產值、增加就業人口，並提供公共住宅及改善周圍環境。範圍涵蓋南港區全區，開發基地分布於忠孝東路南北側範圍，將讓南港成為臺北東區的新發展核心。

- 強化交通樞紐
- 打造國家生技產業廊帶
- 建構流行音樂及文創產業
- 打造軟體及會展產業廊帶
- 建設公共住宅社區
- 推動整體跨區重劃及都市更新
- 改善公共環境
- 南港區全區通盤檢討

### 重大建設③：西區門戶計畫

→影響區域：中正區、萬華區、大同區

西區是臺北盆地最早發展之區域，卻在多年的繁華後，歸於沉寂、榮景不再。而「西區門戶計畫」目的即是經由振興中正、萬華、大同等西區舊市區，重塑臺北西區門戶印象。

此計畫地理範圍北以市民大道及鄭州路、東以中山北路為界、南以忠孝西路、西以環河北路，涵蓋交九臺北轉運站、市議會舊址、國家攝影文化中心、北門郵局等重要地標。包含以下：

| | |
|---|---|
| 配合忠孝橋引道拆除，調整相關交通設施、重現北門廣場 | 配合機捷通車，A1車站啟用，改造臺北車站外部廣場 |
| 區域整體土地利用及調整 | 納入產業面向思考整體空間規劃 |

其中，臺北雙子星 C1 ／ D1 開發大樓，將於 2027 年完工，預計可提供 1.6 萬個就業機會、並創造上千億元以上的經濟產值。

## 🏠 臺北哪個區域買得起？

相信大家對未來夢想的小窩，腦中一定充滿了各種期許，像是交通方便、坪數不能太小、最好是全新的等等。但回到現實面，首購族受限於預算，通常無法一步到位，買到屋齡全新、坪數大

小完全符合理想的房子。

因此，本書第 6 章收錄的臺灣六都購屋指南，便是設定以首購族較能負擔之 25 坪中古 2 房為評估標的。大家只要知道自己每個月可以付得起多少房貸，比對下頁的房價表之後，就能知道自己買得起多少錢以及哪個區域的房子了，接著再以此為目標，擬定你的財務計畫吧。

要提醒的是，此表是以近一年實價登錄均價做為計算基準，計算範圍包含大樓及屋齡較舊的公寓華廈，因此，表中的價格只買得起屋齡較高的中古屋，目的是讓大家評估在該區域買房的最低門檻，如果想買的是預售屋或全新成屋，價格則會更高。

大家應該都聽過一句諺語：「一府二鹿三艋舺。」臺北的城市發展是由艋舺所在的萬華開始，但自東區忠孝東路頂好商圈及信義計畫區崛起後，商圈便開始東移，西區也逐漸沒落。

而未來會如何演變呢？配合「信義計畫商務核心」及「北投士林科技園區」、「大內湖科技園區」與「南港生技軟體園區」形成之臺北科技廊帶。臺北接下來的產業發展重心，將會落在東區的信義、南港、內湖，以及北區的士林、北投，都市發展可能往東、北偏移。

至於臺北各區的房價，有個簡單的計算方式，臺北房價是以同心圓模式，由市中心向外遞減，也就是我們熟知的荷包蛋圖形。中央的蛋黃區大安、信義、松山、中正、中山，即使是中古屋單價也要近百萬以上。最外圍的萬華、文山，普通中古屋也要 70 萬起跳。每個月必須有能力支付 6 萬元以上的房貸，才比較有機會在臺北買到房子喔！

**臺北市可負擔房貸 vs 房價**

| 每月可付房貸 | 可買房屋總價 | 可買房屋單價 | 買得起哪裡 |
|---|---|---|---|
| 5 萬 | 1569 萬 | 63 萬 | 臺北市你買不起 |
| 6 萬 | 1883 萬 | 75 萬 | 萬華、文山 |
| 7 萬 | 2197 萬 | 88 萬 | 北投、內湖、士林、大同 |
| 8 萬 | 2511 萬 | 100 萬 | 中山、南港、松山 |
| 9 萬 | 2825 萬 | 113 萬 | 中正、信義 |
| 10 萬 | 3139 萬 | 126 萬 | 大安 |

註 1：貸款條件假設貸款 8 成，利率 2.56%，30 年本息平均攤還，無寬限期。
註 2：假設購買 2 房產品，坪數為 25 坪。可買區域價格參考實價登錄均價，含公寓、大樓、華廈中古屋產品。
註 3：資料查詢時間為 2024 年 12 月。

## 🏠 臺北市房屋的保值性

　　臺北市有著絕佳的居住環境，包含首屈一指的就業條件、學區、醫療、交通以及各項公共建設，但也因此導致臺北市房價超過了一般人的負擔能力，特別是蛋黃區的物件已經趨近於奢侈品了。有時候，我們無法單純以一般價格邏輯，去思考房價漲跌及風險，畢竟有錢人買東西不在乎貴不貴，只在乎值不值。

　　或許臺北未來的房價已無法像中南部縣市一樣具有爆發力，有動輒幾倍數的成長。但在高資產客層的支撐下，臺北房地產仍然具備抗跌的優勢，是個對抗通膨、資產保值的安全選擇。

# 新北市：人口多、交通便利，買房保值好選擇

　　以都市發展的觀點來看，新北市被視為臺北外圍的衛星都市，兩者之間存在著高度的相互依存關係，形成了雙北共同生活圈。有許多從南部至北部工作的人，都選擇居住於新北，這使得新北人口已高達 400 萬人，成為臺灣的第一大城市，相當於有幾乎20% 的臺灣人居住於此。

　　幅員廣大的新北，有板橋、永和等房價較高、不輸臺北蛋白區的高價區，但也有三芝、金山、萬里等房價相對實惠、年輕人負擔得起的區域。對首購族而言，在新北地區相對容易找到自己能負擔的房子，可以說是個安身立命的好地方。接著就來與大家分享新北房市的購屋重點！

## 🏠 買房需求最強的地方：
## 林口、淡水、八里

　　依據內政部戶政司資料，新北市總人口數自 2015 年 5 月之396.6 萬人，增加為 2024 年 12 月之 404.7 萬人，成長率為2.04%。整體戶數亦為正成長，總戶數自 2015 年 5 月之 150.3 萬戶，增加

為 2024 年 12 月之 171.8 萬戶，成長率為 14.32%。人口及戶數均呈現正成長，代表對住房的需求穩定增加。

| 行政區 | 人口數 | | | 戶數 | | |
|---|---|---|---|---|---|---|
| | 2015年5月 | 2024年12月 | 成長率(%) | 2015年5月 | 2024年12月 | 成長率(%) |
| 新北市 | 3,965,926 | 4,047,001 | 2.04% | 1,502,618 | 1,717,815 | 14.32% |
| 板橋區 | 555,114 | 553,538 | -0.28% | 205,240 | 231,201 | 12.65% |
| 三重區 | 388,590 | 383,355 | -1.35% | 147,788 | 165,752 | 12.16% |
| 中和區 | 414,757 | 405,956 | -2.12% | 162,637 | 177,153 | 8.93% |
| 永和區 | 226,718 | 213,742 | -5.72% | 90,688 | 93,645 | 3.26% |
| 新莊區 | 412,359 | 423,503 | 2.70% | 148,023 | 171,874 | 16.11% |
| 新店區 | 299,589 | 306,571 | 2.33% | 123,232 | 138,508 | 12.40% |
| 樹林區 | 183,979 | 178,981 | -2.72% | 65,179 | 69,770 | 7.04% |
| 鶯歌區 | 88,425 | 89,339 | 1.03% | 29,312 | 35,294 | 20.41% |
| 三峽區 | 112,074 | 115,335 | 2.91% | 40,706 | 46,754 | 14.86% |
| 淡水區 | 160,171 | 200,726 | 25.32% | 69,104 | 96,988 | 40.35% |
| 汐止區 | 195,295 | 210,817 | 7.95% | 84,497 | 97,707 | 15.63% |
| 瑞芳區 | 41,076 | 36,330 | -11.55% | 16,064 | 16,042 | -0.14% |
| 土城區 | 238,900 | 241,224 | 0.97% | 85,726 | 97,113 | 13.28% |
| 蘆洲區 | 199,681 | 198,359 | -0.66% | 69,136 | 76,666 | 10.89% |
| 五股區 | 82,426 | 93,860 | 13.87% | 29,547 | 39,187 | 32.63% |
| 泰山區 | 78,538 | 77,667 | -1.11% | 27,817 | 30,839 | 10.86% |
| 林口區 | 98,807 | 136,075 | 37.72% | 38,436 | 57,446 | 49.46% |
| 深坑區 | 23,569 | 23,636 | 0.28% | 9,372 | 10,239 | 9.25% |
| 石碇區 | 7,818 | 7,068 | -9.59% | 3,366 | 3,340 | -0.77% |
| 坪林區 | 6,479 | 6,324 | -2.39% | 2,491 | 2,560 | 2.77% |
| 三芝區 | 23,479 | 22,080 | -5.96% | 9,312 | 10,090 | 8.35% |
| 石門區 | 12,670 | 10,397 | -17.94% | 4,295 | 4,250 | -1.05% |
| 八里區 | 37,253 | 42,674 | 14.55% | 13,868 | 18,446 | 33.01% |
| 平溪區 | 4,920 | 4,049 | -17.70% | 2,351 | 2,126 | -9.57% |

| | 人口數 | | | 戶數 | | |
|---|---|---|---|---|---|---|
| 行政區 | 2015年5月 | 2024年12月 | 成長率(%) | 2015年5月 | 2024年12月 | 成長率(%) |
| 雙溪區 | 9,339 | 7,686 | -17.70% | 3,838 | 3,532 | -7.97% |
| 貢寮區 | 12,945 | 10,719 | -17.20% | 4,410 | 4,240 | -3.85% |
| 金山區 | 22,276 | 20,059 | -9.95% | 7,004 | 7,414 | 5.85% |
| 萬里區 | 22,576 | 20,622 | -8.66% | 7,384 | 7,728 | 4.66% |
| 烏來區 | 6,103 | 6,309 | 3.38% | 1,795 | 1,911 | 6.46% |

資料來源：內政部戶政司

　　由於臺北房價過高，使得許多人難以負擔，因此逐漸遷居至房價相對較低的周邊城市。新北位於臺北外環，生活機能完善且房價相對親民，成了臺北人移居的優先選擇。在脫北潮的影響下，新北甚至是在少子化趨勢中人口數呈現正成長的城市。

　　就各行政區來進行分析的話（如上述表格），可以發現主要人口成長集中在少數區域。人口增加最多的前兩名區域，是先前被戲稱為房市票房毒藥的林口及淡水，由於交通條件的改善，林口區在機捷通車及產業園區的加持下，總人口成長率達37.72%，增加3.7萬人。總戶數成長率更高達49.46%，增加1.9萬戶，位居新北各區人口成長之冠。

　　其次為腹地廣大具低價優勢的淡水區，輕軌通車加上淡江大橋的興建，吸引了更多人遷入，總人口成長率達25.32%，總戶數成長率達40.35%。第三則為台北港特定計畫區所在的八里區，同樣受惠於淡江大橋的交通利多下，亦帶動了地區人口的增長，總人口成長率達14.55%，總戶數成長率亦達33.01%。此外，新北產業園區所在的五股區，其成長也不容忽視。

# ⌂ 新北最具升值潛力的區域

重大公共建設與地方發展之間具有密不可分的關係，不但可以促進地方經濟發展，還能提升居民生活品質。以新北市「三環六線」的交通建設為例，它打通了各區經濟發展的任督二脈，也促進地方經濟的交流。以下就來分析新北市正在進行的重大建設與隨之帶來的影響。

## 重大建設①：新北國際 AI+ 智慧園區

→影響區域：林口區

林口是近年新北市成長最快的區域之一。背後的原因除了前面提過的機捷通車，還有產業園區所帶來的效益。其中，「新北國際 AI+ 智慧園區」原名為林口工一產業專用區，總面積108公頃，產業用地面積約 67 公頃，為林口五大產業園區中，最後一塊尚未開發完成之工業區。未來可望與周邊其他產業園區共同發揮產業聚集效益，創造龐大就業機會。

新北國際 AI+ 智慧園區目前定位為「先進研發、高階製造」之產業聚落，未來規劃提供高科技、綠能或智慧金融等新興多元產業進駐。值得關注的是，全球第一大半導體設備廠艾司摩爾（ASML），已確定落腳此區，它是臺積電最重要的供應大廠，在未來廠區完工後，有機會在當地形成產業供應鏈，引入眾多高科技白領人口。

## 重大建設②：捷運汐東線

→影響區域：臺北市內湖區、新北市汐止區

近年來，臺北的發展重心逐漸往東側挪移，緊鄰南港、內湖的汐止，在房價較低的優勢下，房市自然有發展的空間。過去，汐止因淹水問題，導致房市發展一直有其抗性，如今隨著淹水情況改善，加上近年來人口穩定流入，房價也持續上漲。未來「捷運汐東線」若可順利通車，將解決主幹道的壅塞問題，並可連結內湖科技園區形成科技廊帶，提升區域發展性。

▼ 捷運汐東線小檔案

| 路線全長 | 5.56公里，共設置6座高架車站、1座機廠 |
|---|---|
| 起站 | 國道1號康寧路三段SB10站，由該站可轉乘捷運文湖線 |
| 迄站 | 位於汐止區公所附近之SB15站，其中，SB14站則可轉乘臺鐵汐科站 |
| 預計完工日 | 捷運矽東線統包工程已於2024年10月決標，預計將在2025年上半年動工，目標於2032年完工通車 |

## 重大建設③：捷運三鶯線

→影響區域：土城區、三峽區、鶯歌區

新北3大造鎮開發區「林口、三峽、淡水」，過去被稱為「林三淡」，是大家眼中的低價賣壓區，但在交通建設的改善之下，已陸續擺脫鬼城之名。現在的三峽及鶯歌擁有良好的居住環境，唯一的劣勢即是缺乏捷運等軌道運輸系統，只能仰賴公車或自行開車通勤，上下班時間容易塞車。然而，未來「捷運三鶯線」通車之後，往來臺北市的通勤時間將減少20分鐘，可望大幅改善三峽與鶯歌地區之交通條件。

| 路線全長 | 14.29公里，共設置 12 站 |
|---|---|
| 起站 | LB01 土城線頂埔站 |
| 迄站 | LB12 鶯桃福德站 |
| 預計完工日 | 目前保留未來延伸至桃園八德段之可能性。若成案將可銜接桃園綠線，未來串聯高鐵、桃園國際機場及鐵路，形成更完善的交通網絡。「捷運三鶯線」即將通車，預計 2025 年可望完工 |

## 🏠 新北哪個區域買得起？

近年來，新北房價已有一定漲幅，但在重大公共建設的帶動之下，仍有部分區域可望持續發展。接下來同樣以首購族較能負擔的中古兩房為買房目標、參考近一年實價登錄房價及現行房貸利率來試算，只要衡量你負擔得起的房貸金額，就能透過右頁表格快速比對出你買得起哪個區域。

新北位於臺北市外環區域，各區隨著與臺北市中心距離的增加，房價則越便宜。除了臺北東側的汐止與深坑受限於交通不便或腹地發展有限等因素，導致房價相對較低外，新北以鄰接臺北西側第一圈的板橋、永和、新店、中和及三重為蛋黃區；土城、蘆洲、新莊在各項建設的帶動下，房價也往蛋黃區邁進，其餘區域則屬於蛋白區。

由於通勤人口數量龐大，交通建設對新北房市的影響程度相當明顯。以三環六線的規劃為例，就已通車的路線經驗來看，對於該區域房市均有十分明顯的拉抬效果，而正在興建中的萬大 - 中和 - 樹林線、三鶯線、民生汐止線及五股泰山輕軌、八里輕軌、

深坑輕軌，它們對未來地方發展所帶來的效益也令人期待。

至於區域房價的部分，新北同樣可依循臺北房價的邏輯，蛋黃區房價最高，且價格向外遞減。新北的精華區土城、蘆洲、新莊、新店、中和及三重，在交通條件與公共建設完善的優勢下，中古屋單價已經來到 60 萬以上。永和及板橋，中古屋單價更上看 70 萬。如果想要買到單價 30 萬以下的房子，可能要到最外圍的萬里、金山、三芝，才比較有機會。

### 新北市可負擔房貸 vs 房價

| 每月可付房貸 | 可買房屋總價 | 可買房屋單價 | 買得起哪裡 |
|---|---|---|---|
| 2 萬 | 628 萬 | 25 萬 | 萬里、金山、三芝 |
| 3 萬 | 942 萬 | 38 萬 | 八里、鶯歌、深坑、淡水 |
| 4 萬 | 1256 萬 | 50 萬 | 樹林、三峽、林口、五股、汐止、泰山 |
| 5 萬 | 1569 萬 | 63 萬 | 土城、蘆洲、新莊、三重、新店、中和 |
| 6 萬 | 1883 萬 | 75 萬 | 永和、板橋 |

註 1：貸款條件假設貸款 8 成，利率 2.56%，30 年本息平均攤還，無寬限期。
註 2：假設購買 2 房產品，坪數為 25 坪。可買區域價格參考實價登錄均價，含公寓、大樓、華廈中古屋產品。
註 3：資料查詢時間為 2024 年 12 月。

## 🏠 新北市房價漲幅依賴未來的交通建設

新北過去挾著房價較低的優勢，吸引了眾多臺北外移人口。但這幾年在資金熱潮及各類重大建設的帶動之下，房價水漲船高，

新北的房價已不可同日而語。當新北許多精華區域的開價超過臺北外圍蛋白區，價格優勢便慢慢消失，追求房價CP值客群的首選，可能已不再是新北，而是房價基期更低的桃園。

　　未來新北房市的區域亮點，將會是三環六線的交通建設。先前的新北房價凹陷區如樹林、三峽、鶯歌等地，近幾年在萬大-中和-樹林線、三鶯線捷運建設的利多之下，房價上漲幅度十分明顯。未來規劃興建中的民生汐止線及五股泰山輕軌、八里輕軌等軌道建設，也可望發揮相同的效益，有效帶動沿線區域的房市。跟隨交通建設的發展，就是新北未來的買房密碼。

# 桃園市：產業發展迅速、發展潛力大，首購族脫北首選

　　隨著桃園機場捷運通車，大幅縮短桃園至雙北等其他城市的通勤時間，提升了桃園的交通便利性。再加上桃園近年來積極發展科技產業，聚集了許多科技大廠設廠，並吸引相關產業進駐，也帶來大量的就業機會。在多項利多的加乘效應之下，這幾年的整體桃園房市成長十分明顯。

　　在桃園，不僅買房門檻較低，區內眾多的重劃區，例如中路、經國、小檜溪重劃區等，均有著街廓規劃整齊、建物屋齡較新、社區管理佳的優勢，可說是首購族的天堂，對年輕購屋族群來說格外有吸引力。那麼，該如何購入高 CP 值的桃園物件呢？接著就來為大家分析桃園未來的發展趨勢吧。

## 買房需求最強的地方：龜山、觀音、八德

　　近年來，隨著各項交通建設的投入，大幅拉近桃園與雙北之間的交通距離，當桃園與臺北的通勤時間縮短為一小時，更是帶動了不少人決定移居桃園。相對於雙北的高昂房價，桃園房價顯得

平易近人，加上本身產業發展熱絡，提供了眾多就業機會，也讓桃園一躍成為全臺人口淨流入城市之冠。

| 行政區 | 人口數 | | | 戶數 | | |
|---|---|---|---|---|---|---|
| | 2015年5月 | 2024年12月 | 成長率(%) | 2015年5月 | 2024年12月 | 成長率(%) |
| 桃園市 | 2,082,165 | 2,338,648 | 12.32% | 740,590 | 938,118 | 26.67% |
| 桃園區 | 422,892 | 475,798 | 12.51% | 157,948 | 198,430 | 25.63% |
| 中壢區 | 386,062 | 435,050 | 12.69% | 139,873 | 179,118 | 28.06% |
| 大溪區 | 92,729 | 94,404 | 1.81% | 31,076 | 36,163 | 16.37% |
| 楊梅區 | 158,982 | 181,526 | 14.18% | 54,227 | 69,998 | 29.08% |
| 蘆竹區 | 153,283 | 169,936 | 10.86% | 54,593 | 66,419 | 21.66% |
| 大園區 | 84,976 | 88,166 | 3.75% | 30,175 | 35,151 | 16.49% |
| 龜山區 | 143,524 | 183,895 | 28.13% | 54,963 | 81,103 | 47.56% |
| 八德區 | 184,058 | 214,690 | 16.64% | 64,454 | 83,915 | 30.19% |
| 龍潭區 | 117,329 | 127,270 | 8.47% | 39,628 | 48,604 | 22.65% |
| 平鎮區 | 215,147 | 229,389 | 6.62% | 73,058 | 86,803 | 18.81% |
| 新屋區 | 48,232 | 49,389 | 2.40% | 15,641 | 18,800 | 20.20% |
| 觀音區 | 64,015 | 75,874 | 18.53% | 21,221 | 29,576 | 39.37% |
| 復興區 | 10,936 | 13,261 | 21.26% | 3,733 | 4,038 | 8.17% |

資料來源：內政部戶政司

依據內政部戶政司資料（如上表），自 2015 年 5 月至 2024 年 12 月，桃園市總人口增加幅度為六都第一，總人口數由 208.2 萬人增加為 233.9 萬人，成長率為 12.32%。整體戶數也呈現相同的增長趨勢，總戶數由 74.1 萬戶增加為 93.8 萬戶，成長率達 26.67%。少子化的趨勢似乎對桃園沒有造成太大影響，該地區依舊具備一定的人口紅利。

而各行政區也呈現相同的人口增長趨勢，所有區域均為人口正成長。人口增加的前 3 大區域都與產業園區有關，產業對區域發

展的效益十分明顯。人口成長最多的是屬於林口生活圈的龜山區，由於機捷與產業園區的雙重利多，帶入了大量的人口。總人口成長率為 28.13%，總戶數成長率更高達 47.56%，成長幅度十分驚人。

人口成長第二的觀音區，在觀音工業區及周邊其他產業園區的帶動下，使人口有大幅的成長，總人口成長率為 18.53%，總戶數成長率為 39.37%。第三則為連結桃園與新北的八德區，區內的八德擴大重劃區已逐漸發展成形，再加上未來桃園捷運綠線的加持，使區內人口大增，總人口成長率 16.64%，總戶數成長率亦達 30.19%。

## 🏠 桃園最具升值潛力的區域

桃園在 2012 年改制直轄市之後，推動了許多重大建設與福利措施。如機場捷運，不僅使桃園的交通運輸更加便捷高效，也帶動沿線區域產業的發展，為當地經濟做出了重要貢獻。未來，桃園還有哪些重大建設，最有潛力的發展區域又是何處呢？

### 重大建設①：桃園航空城

→影響區域：大園區、蘆竹區、中壢區

桃園航空城的開發總面積高達 4500 公頃，是臺灣有史以來最大的開發計畫。開發範圍是以桃園國際機場及機場捷運沿線車站 A11 至 A16 站為發展核心，規劃居住、教育、娛樂、產業、商業、行政等都市發展機能，形成以機場為中心的多元機能都會區。桃

園航空城被規劃為桃園、中壢以外的第三都心，預計將發揮磁吸效應，引入大量就業機會及人口。

而它的主要用地開發內容包含機場專用區、自由貿易港區、產業專用區、住宅區等，產業專用區招商有雲端運算產業、航空輔助產業、國際物流配銷相關產業、生物科技產業、智慧車輛產業、綠能產業等6大優先產業。以低汙染、低耗能、低用水及高附加價值的「三低一高」產業為主。由於範圍廣大，相關工程陸續進行中，目前全區公共工程預計將在2030年正式完工。

## 重大建設②：青埔高鐵特區

→影響區域：中壢區、大園區

青埔高鐵特區面積為490公頃。在優異的交通條件下，其開發潛力早已列為政府及民間的重點投資區域，在多年的發展之後，各項機能也逐漸成形。展望未來，仍有國泰站前廣場、亞洲矽谷創新研發中心、桃園市立美術館等重大建設將陸續完工，房市發展未來仍具新亮點，後勢令人期待。

**▼ 青埔高鐵特區3大生活圈（依機場捷運場站劃分）**

| 領航站生活圈 | A17 | 以純住宅使用為主，居住環境單純 |

高鐵桃園站生活圈 A18　規劃大面積的商業用地，是青埔主要的商業區，X Park 及華泰名品城及興建中之國泰站前廣場均坐落於此

桃院體育園區站生活圈 A19　為多功能使用，區域內有棒球場及與場站共構的冠德購物中心，及桃園市立兒童美術館等，土地用途涵蓋體育、商業、產業及藝術

### 重大建設③：龜山 A7 重劃區

→影響區域：龜山區

龜山位於新北市林口區旁，近年來人口增長為桃園之冠。其中，龜山 A7 重劃區作為機捷進入桃園第一站，僅需半小時即可抵達臺北車站，而且由長庚醫院以及樂善科技園區等多個產業園區導入的就業人口，也大量提升了房地產的需求。加上相對較低的房價，因此雖然有工廠及福地影響居住品質，A7 仍是首購族的熱門關注區域。

此區的用地規劃包含住宅區、中心商業區、產專區、乙種工業地和公共設施用地等。產專區劃分為兩部分，一塊為禾聯碩、致茂、順達三家廠商聯合開發的「樂善科技園區」，目前陸續完工進駐；另一塊則為中華郵政斥資 258.5 億元開發的「郵政物流園區」，預計 2024 年完工，2025 年啟用。產業引入之人口紅利，將持續帶動區域發展。

## 🏠 桃園哪個區域買得起？

在了解桃園的人口發展及重大建設的空間分布之後，想買桃園房子的你，是否心中已設定理想的目標區域了呢？想知道以自己目前的收入，是否有辦法負擔嗎？

本節以首購族較能負擔的中古 2 房為買房目標、參考最新房貸利率及近一年實價登錄房價，製作了房貸房價對照表，幫你評估收入是否符合各區的買房最低門檻。

桃園地區過去是以北桃的桃園及南桃的中壢雙核心模式發展，並各自與周邊行政區形成帶狀生活圈。但近年來，由於多項重大建設如大園、蘆竹、中壢的「航空城計畫」、中壢與大園交界處的「青埔高鐵特區」，以及眾多的工業園區均位於桃園西側，故桃園的未來不再僅以南北為界，區域西側也將成為大桃園發展的重心之一。

另一個可望改變桃園房市的重點，則是交通建設的佈局。未來桃園交通將形成「三心六線」路網，為大家整理如下：

 包含桃園、中壢都會區、航空城特區，也就是依桃園市國土計畫草案，未來桃園市空間布局的3大主要都心。

 有機場捷運、捷運綠線、中壢延伸線、捷運棕線、三鶯線延伸八德段、大溪延伸線，整體呈現環狀系統，達成區域間的平衡發展。

就區域房價部分，雙核心的桃園、中壢；林口生活圈的龜山，皆是桃園市整體房價較高的區域，中古屋平均單價上看 50 萬。較為知名的區域，如青埔特區、中路重劃區、小檜溪重劃區等新成屋單價均高達 40~50 萬以上。

桃園市的外圍區域，如觀音、楊梅、龍潭、大溪等區域，仍找得到單坪 30 萬以下的中古屋物件。近年來討論度高的觀音草漯重劃區，因緊鄰航空城計畫及多個工業區，新案依然在單坪 30 萬以下，是個 CP 值頗高的選擇。

**桃園市可負擔房貸 vs 房價**

| 每月可付房貸 | 可買房屋總價 | 可買房屋單價 | 買得起哪裡 |
|---|---|---|---|
| 2 萬 | 628 萬 | 25 萬 | 楊梅、龍潭、觀音、大溪 |
| 3 萬 | 942 萬 | 38 萬 | 平鎮、新屋、八德、蘆竹、大園、 |
| 4 萬 | 1256 萬 | 50 萬 | 桃園、龜山、中壢 |

註 1：貸款條件假設貸款 8 成，利率 2.56%，30 年本息平均攤還，無寬限期。
註 2：假設購買 2 房產品，坪數為 25 坪。可買區域價格參考實價登錄均價，含公寓、大樓、華廈中古屋產品。
註 3：資料查詢時間為 2024 年 12 月。

## 🏠 負擔不起雙北房價時，桃園是首購族的好選擇

桃園市因其鄰近雙北的地理位置、完善的交通建設、蓬勃的產業發展以及宜居的生活環境，成為近年來備受矚目的房市熱區。機捷、捷運等交通建設，大幅縮短了通勤的時間。尤其在「TPASS 行政院通勤月票」推出之後，交通成本也大幅降低，對通勤族十分具有吸引力。

若覺得雙北的房價過高，不妨可以考慮看看桃園。房價尚處低檔的桃園，未來仍有「桃園航空城」計畫及「三心六線」多項重大公共建設持續推展當中，各大產業園區的發展都值得期待。桃園的房市長期看好，無論在產業、交通或是人口等房市基本面，皆有著堅實的支撐，絕對是值得首購族納入口袋的好選擇！

# 臺中市：南北往來方便、機能完善，房價潛力股

　　臺中是中部的交通樞紐，擁有高鐵、臺鐵、捷運和快速道路等完善的交通網絡。臺中高鐵站更是連接了臺灣西部的主要城市，讓臺中成為一日生活圈的一部分。再加上中科園區的快速發展，吸引了許多科技大廠進駐，也帶來就業機會。交通樞紐的地位以及產業活動的熱絡，進一步推動了臺中房地產市場的繁榮。

　　除了各項重大建設的房市利多外，若單純以居住需求來思考，臺中氣候舒適，更擁有許多公園、綠地和優質的教育資源，多項公共設施不僅提升了居住環境品質，也使臺中成了一座相當宜居的城市。接著，就來進一步為大家說明在臺中買房的祕訣。

## 🏠 買房需求最強的地方：北屯、南屯、沙鹿

　　臺中在氣候怡人且房價基期較低的優勢下，吸納了各處的外來人口，近年來人口成長迅速，在 2017 年已超越高雄市，成為臺灣第二大城市。人口的增加，持續為房市提供穩定的支撐。

| 行政區 | 人口數 | | | 戶數 | | |
|---|---|---|---|---|---|---|
| | 2015年5月 | 2024年12月 | 成長率(%) | 2015年5月 | 2024年12月 | 成長率(%) |
| 臺中市 | 2,729,291 | 2,860,601 | 4.81% | 918,547 | 1,108,045 | 20.63% |
| 中　區 | 19,240 | 17,904 | -6.94% | 7,817 | 8,506 | 8.81% |
| 東　區 | 75,071 | 77,688 | 3.49% | 27,210 | 32,252 | 18.53% |
| 南　區 | 120,657 | 127,188 | 5.41% | 46,259 | 54,361 | 17.51% |
| 西　區 | 115,865 | 113,890 | -1.70% | 44,938 | 49,092 | 9.24% |
| 北　區 | 147,515 | 143,568 | -2.68% | 58,326 | 64,113 | 9.92% |
| 西屯區 | 219,904 | 236,821 | 7.69% | 81,286 | 99,132 | 21.95% |
| 南屯區 | 163,023 | 185,192 | 13.60% | 58,976 | 76,143 | 29.11% |
| 北屯區 | 261,877 | 310,965 | 18.74% | 93,150 | 127,898 | 37.30% |
| 豐原區 | 166,595 | 163,163 | -2.06% | 52,373 | 58,448 | 11.60% |
| 東勢區 | 51,381 | 47,088 | -8.36% | 17,269 | 18,095 | 4.78% |
| 大甲區 | 77,617 | 74,206 | -4.39% | 22,575 | 25,637 | 13.56% |
| 清水區 | 85,976 | 90,501 | 5.26% | 26,203 | 33,854 | 29.20% |
| 沙鹿區 | 88,505 | 100,152 | 13.16% | 27,416 | 36,201 | 32.04% |
| 梧棲區 | 56,829 | 62,701 | 10.33% | 16,986 | 22,692 | 33.59% |
| 后里區 | 54,170 | 53,309 | -1.59% | 15,560 | 18,047 | 15.98% |
| 神岡區 | 64,998 | 64,007 | -1.52% | 18,786 | 21,549 | 14.71% |
| 潭子區 | 105,697 | 109,415 | 3.52% | 35,036 | 40,478 | 15.53% |
| 大雅區 | 93,086 | 95,229 | 2.30% | 28,146 | 32,715 | 16.23% |
| 新社區 | 25,145 | 22,849 | -9.13% | 7,481 | 8,145 | 8.88% |
| 石岡區 | 15,315 | 13,877 | -9.39% | 4,895 | 5,021 | 2.57% |
| 外埔區 | 31,732 | 30,902 | -2.62% | 9,316 | 10,637 | 14.18% |
| 大安區 | 19,588 | 17,793 | -9.16% | 5,371 | 5,927 | 10.35% |
| 烏日區 | 71,887 | 81,284 | 13.07% | 22,840 | 31,544 | 38.11% |
| 大肚區 | 56,416 | 55,708 | -1.25% | 16,779 | 19,823 | 18.14% |
| 龍井區 | 76,183 | 79,030 | 3.74% | 22,143 | 27,560 | 24.46% |
| 霧峰區 | 64,527 | 63,342 | -1.84% | 19,628 | 22,280 | 13.51% |
| 太平區 | 182,606 | 200,007 | 9.53% | 60,373 | 75,539 | 25.12% |
| 大里區 | 207,141 | 212,166 | 2.43% | 66,994 | 77,618 | 15.86% |
| 和平區 | 10,745 | 10,656 | -0.83% | 4,415 | 4,738 | 7.32% |

資料來源：內政部戶政司

依據內政部戶政司資料（如上表），自 2015 年 5 月至 2024 年 12 月，臺中市總人口數由 272.9 萬人增加為 286.1 萬人，成長率為 4.81%，增加幅度為六都第二，僅次於人口大幅成長的桃園。整體戶數亦有一定增長，自 2015 年 5 月至 2024 年 12 月，總戶數由 91.9 萬戶，增加為 110.8 萬戶，成長率達 20.63%。人口及戶數的增加，充分說明了臺中房價大幅成長的原因。

那麼，臺中哪些行政區人口成長最多呢？總人口增加最多的區域並非大家耳熟能詳、豪宅林立的 7 期重劃區，而是 11 期、14 期等多個重劃區所在的北屯區。由於捷運綠線及 74 號快速道路，改善了區域的交通條件，也帶動人口移入，總人口成長率為 18.74%，總戶數成長率則為 37.30%，均有一定幅度之增長。

人口成長第二的是發展成熟、生活機能佳、屬於傳統購屋熱門區域的南屯區，總人口成長率為 13.60%，總戶數成長率則為 29.11%。第三則是位於海線，傳統屬於外圍蛋殼區的沙鹿區，由於房屋平價且具中科及捷運藍線等發展題材，成長亦十分快速，總人口成長率為 13.16%，總戶數成長率為 32.04%。此外烏日高鐵特區所在的烏日區，人口成長也值得關注，三鐵共構及國道、74 號快速道路，構築了完善的交通系統，使得總人口成長率為 13.07%，總戶數成長率亦達 38.11%。

## 🏠 臺中最具升值潛力的區域

各項投資和建設，可以帶動相關產業的發展、創造就業機會、增加地方政府財政收入，也能進一步改善當地的交通、能源、水

利等基礎設施，相當於為區域經濟發展提供了良好的基礎。以下就來介紹臺中正在進行的重大建設，以及它們將帶來的影響。

## 重大建設①：水湳經貿園區

### →影響區域：西屯區、北屯區

水湳經貿園區位於西屯區與北屯區，鄰近逢甲商圈及 14 期重劃區，占地約 254 公頃，是原水湳機場與周邊土地變更的大型開發計畫。規劃以 67 公頃之中央公園為核心，劃定為經貿、生態住宅、文化商業、創新研發、文教等 5 大專用區，腹地廣大，整體涵蓋居住及商業機能，交通條件亦十分便捷，是臺中未來發展的一大亮點，更被稱為下一個 7 期重劃區。

水湳經貿園區以「智慧、低碳、創新」為主軸，包含中央公園、水湳經貿園區地下停車場、水湳水資源回收中心等基礎建設，以及水湳轉運中心、水湳國際會展中心、臺中綠美圖、智慧營運中心、中臺灣電影中心等亮點建築，它們將於 2025 年起陸續完工啟用，所帶來效益也將逐漸發酵。

## 重大建設②：烏日高鐵特區

### →影響區域：烏日區

高鐵烏日站在 2021 年臺中捷運綠線通車後，成為中臺灣唯一捷運、臺鐵、高鐵三鐵共構的車站，加上國道 1 號、國道 3 號及臺 74 線快速道路，形成了完善的交通網路，也使烏日高鐵特區擁有了無可取代的交通優勢。未來，政府預計引進展覽、物流、商務、休閒娛樂等產業，烏日將與豐原、海線之雙港副都心並列

為臺中發展的重要支柱。

烏日高鐵特區內規劃了多項重大建設，除了國泰集團及永聯物流合作的「物流共和國臺中園區」於 2017 年已開幕啟用。最令人期待的則是「臺中高鐵娛樂購物城」，開發商將之正式命名為「D-ONE 第一大天地」，未來預計興建全臺最大購物中心、百老匯等級影城、五星級酒店及 A 級商辦大樓等。單就購物中心而言，即足以提供 1.8 萬個就業機會，也能為臺中經濟帶來新動力。

## 重大建設③：捷運藍線

→影響區域：梧棲區、沙鹿區、西屯區、西區、中區、東區、太平區

捷運藍線是臺中捷運綠線通車後，正在進行中的第二條捷運路線。路線規劃沿著臺中主要道路「臺灣大道」所設站，興建完成後將與捷運綠線形成臺中交通核心十字軸線的捷運路網，使梧棲、沙鹿等海線區域與精華的臺中市中心相互連結，可望平衡大臺中地區海線和山線的城鄉差距，引導人口、產業進駐捷運沿線，帶動整體均衡發展。

▼ 臺中捷運藍線小檔案

| 路線全長 | 全長 24.8 公里 |
| --- | --- |
| 規劃 | 西起臺中港，沿臺灣大道串聯沙鹿火車站、市政府、臺中火車站，東至新建國市場。全線規劃高架車站 8 座、地下車站 12 座，共設有 20 座車站以及 1 座機廠 |
| 預計完工日 | 在 2023 年 2 月 20 日通過交通部審查，並在 2024 年 1 月 29 日經行政院核定，預計將於 2025 年正式動工、目標 2034 年完工 |

## 🏠 臺中哪個區域買得起？

讀到這裡，可能有不少人對臺中的未來發展性感到心動，同樣以首購族較能負擔的中古 2 房為目標，製作了房貸與房價參考表，讓你快速判斷自己的收入是否符合各區的買房最低門檻。

臺中的房市，是以地理環境及交通建設進行區分：

| 西側<br>（以大肚山為界） | 為海線區，包含大甲、梧棲、沙鹿等區，受限於地理條件，是傳統發展較為落後的蛋白區。 | |
|---|---|---|
| 東側 | 為山線區，可再以臺中的交通命脈（臺74線快速道路）為基準，區隔為環內及環外。 | |
| | 山線環內 | 傳統的臺中蛋黃區，包含西屯、南屯、西區、北區、北屯等精華區，屬市中心之住商混合區。公共建設完善，生活機能佳。 |
| | 山線環外 | 屬於蛋白區，包含后里、豐原、潭子、太平、大里等，中科后里園區、潭子工業區、豐洲科技工業園區等均坐落於環外，偏向工業使用，屬都市外圍的產業發展區。 |

對區域劃分有初步了解之後，我們來看看臺中房價的走勢。首先，中科帶動了西屯房市，成為臺中平均房價最高昂的區域，擁有明星學區、交通與生活機能完善的南屯，以及規劃有眾多精華重劃區的北屯，前述區域即使中古屋也要單坪 50 萬以上。其中，被譽為下一個 7 期的水湳經貿園區，有中央公園、綠美圖等重大建設，區內豪宅林立，其新屋單坪更是達 70~80 萬。近年來屬於房市熱點的 14 期重劃區，新屋單價則要 60 萬以上才買得到。

其次是環內的西區、北區、東區、南區；高鐵所在的烏日，以及有產業園區利多的大雅、后里、大里、潭子，與受惠房價外溢效應的豐原、太平、大肚，還有海線精華區的沙鹿等區，其中古屋平均單價是在 30~40 萬左右。

其他較為邊陲的區域，如梧棲或區域較無發展亮點的中區，中古屋單價仍在 30 萬以下，但低價區域中未來有捷運及產業園區的利多，若生活機能及通勤時間可接受，不妨考慮以時間換取空間，把它納入首購時的選擇。

### 臺中市可負擔房貸 vs 房價

| 每月可付房貸 | 可買房屋總價 | 可買房屋單價 | 買得起哪裡 |
| --- | --- | --- | --- |
| 2 萬 | 628 萬 | 25 萬 | 大安、霧峰、東勢、外埔、梧棲、中區 |
| 3 萬 | 942 萬 | 38 萬 | 清水、神岡、龍井、大甲、大肚、沙鹿、潭子、大雅、豐原、后里、太平、大里、北區、西區、東區、南區、烏日 |
| 4 萬 | 1256 萬 | 50 萬 | 西屯、南屯、北屯 |

註 1：貸款條件假設貸款 8 成，利率 2.56%，30 年本息平均攤還，無寬限期。
註 2：假設購買 2 房產品，坪數為 25 坪。可買區域價格參考實價登錄均價，含公寓、大樓、華廈中古屋產品。
註 3：資料查詢時間為 2024 年 12 月。

## 🏠 捷運沿線區域未來有增值空間

這幾年，臺中在中部科學園區以及高鐵、捷運等交通建設的帶動之下，房市持續正成長。尤其交通建設對臺中房市的影響十分明顯，以捷運綠線為例，它通車之後有效改善了北屯及烏日的交通條件，使烏日高鐵站成為三鐵共構車站，透過轉乘，可直接進入市區，讓通勤族更為便利，而北屯及烏日人口的大幅成長，就是居民投票的結果。

未來，交通建設對臺中房市仍然將扮演關鍵的角色，特別是過去因地形限制，發展受限的臺中海線區域。捷運藍線的建設將帶動沿線區域的商業和住宅發展，提升整體區域的生活機能。沿線房地產市場也將因交通便利性提升而增值，比方說，沙鹿和梧棲等現況發展較慢的海線區域，今後可望成為捷運藍線通車後最大的受益者。

# 臺南市：歷史悠久、文化底蘊深，南科帶動新發展

　　臺南是臺灣的文化古都，擁有許多歷史古蹟和景點，如赤崁樓、安平古堡等等。這些文化資產不僅提升了生活品質，也引來不少觀光客。相比於臺中和高雄等其他大城市，在臺南的生活成本較低，房價也相對合理。這對於首購族或是想要降低生活成本的人來說，是一個不錯的選擇。

　　而南部科學園區的設立，也改變了臺南的面貌，吸引臺積電等高科技公司進駐，更創造大量的就業機會。因南科帶來的經濟效益和人口增長，活化了臺南的房地產市場，新建案供應量增加，交易量也顯著提升。那麼，未來臺南的房市發展將會如何呢？

## 買房需求最強的地方：善化、安南、安平

　　雖然有南科的產業帶動效應，但目前尚未對臺南帶來全面性的人口利多。近十年來，除了少數新開發重劃區及科學園區所在地的人口有所增加外，臺南整體人口數仍呈現負成長，特別是邊陲區域，人口流失更是嚴重。

依據內政部戶政司資料（如下方表格），臺南市總人口數自 2015 年 5 月之 188.5 萬人，減少為 2024 年 12 月之 185.9 萬人，成長率為 -1.41%。減少幅度為六都第三，次於臺北及高雄。整體戶數則為正成長，總戶數自 67 萬戶增加為 74.6 萬戶，成長率為 11.39%。戶數的增加，對住房的需求有正面影響。

再深究轄下行政區之個別狀況，可發現在多數區域人口減少的情況下，仍有部分區域人口及戶數均呈現正成長。人口成長最多的，是南部科學園區所在的善化，善化區總人口成長率為 14.59%，總戶數成長率成長更為明顯，達 32.04%，排名第一。

其次為腹地廣大、可開發用地充足的安南區，區內有九份子等熱門重劃區，道路整齊、規劃完善，在北外環道路建設的交通利多下，亦吸引不少人口移入，總人口成長率達 8.14%，總戶數成長率達 23.65%。第三是有觀光前景及多項交通建設利多的安平區，總人口成長率為 7.98%，總戶數成長率為 22.92%。此外，亦為南部科學園區所在地的新市區總人口成長率為 6.32%，總戶數成長率則為 26.72%，也是人口成長較多的區域。

| 行政區 | 人口數 | | | 戶數 | | |
|---|---|---|---|---|---|---|
| | 2015年5月 | 2024年12月 | 成長率(%) | 2015年5月 | 2024年12月 | 成長率(%) |
| 臺南市 | 1,885,240 | 1,858,651 | -1.41% | 669,850 | 746,132 | 11.39% |
| 新營區 | 78,260 | 74,782 | -4.44% | 28,496 | 30,762 | 7.95% |
| 鹽水區 | 26,244 | 23,969 | -8.67% | 10,080 | 10,285 | 2.03% |
| 白河區 | 29,528 | 25,393 | -14.00% | 10,956 | 10,596 | -3.29% |
| 柳營區 | 21,702 | 20,007 | -7.81% | 7,829 | 8,185 | 4.55% |
| 後壁區 | 24,454 | 21,292 | -12.93% | 8,899 | 8,894 | -0.06% |
| 東山區 | 21,766 | 18,836 | -13.46% | 8,265 | 8,092 | -2.09% |
| 麻豆區 | 45,024 | 43,036 | -4.42% | 15,491 | 17,053 | 10.08% |

| | 人口數 | | | 戶數 | | |
|---|---|---|---|---|---|---|
| 行政區 | 2015年5月 | 2024年12月 | 成長率(%) | 2015年5月 | 2024年12月 | 成長率(%) |
| 下營區 | 24,963 | 22,077 | -11.56% | 9,103 | 9,409 | 3.36% |
| 六甲區 | 22,724 | 21,110 | -7.10% | 7,708 | 8,352 | 8.35% |
| 官田區 | 21,606 | 20,669 | -4.34% | 7,786 | 8,439 | 8.39% |
| 大內區 | 10,168 | 8,588 | -15.54% | 3,946 | 3,634 | -7.91% |
| 佳里區 | 59,646 | 58,470 | -1.97% | 20,319 | 22,640 | 11.42% |
| 學甲區 | 26,777 | 24,537 | -8.37% | 9,662 | 10,048 | 4.00% |
| 西港區 | 24,889 | 25,004 | 0.46% | 8,066 | 9,319 | 15.53% |
| 七股區 | 23,536 | 20,760 | -11.79% | 8,103 | 7,957 | -1.80% |
| 將軍區 | 20,406 | 18,070 | -11.45% | 7,318 | 7,078 | -3.28% |
| 北門區 | 11,593 | 9,712 | -16.23% | 4,346 | 3,943 | -9.27% |
| 新化區 | 43,764 | 42,292 | -3.36% | 14,215 | 15,606 | 9.79% |
| 善化區 | 46,512 | 53,300 | 14.59% | 16,496 | 21,782 | 32.04% |
| 新市區 | 35,659 | 37,913 | 6.32% | 11,624 | 14,730 | 26.72% |
| 安定區 | 30,296 | 29,842 | -1.50% | 9,807 | 11,345 | 15.68% |
| 山上區 | 7,496 | 6,916 | -7.74% | 2,698 | 2,762 | 2.37% |
| 玉井區 | 14,492 | 12,830 | -11.47% | 5,122 | 5,260 | 2.69% |
| 楠西區 | 10,088 | 8,532 | -15.42% | 3,535 | 3,468 | -1.90% |
| 南化區 | 8,939 | 7,786 | -12.90% | 2,864 | 2,772 | -3.21% |
| 左鎮區 | 5,126 | 4,124 | -19.55% | 1,993 | 1,801 | -9.63% |
| 仁德區 | 73,300 | 77,574 | 5.83% | 26,666 | 30,988 | 16.21% |
| 歸仁區 | 67,672 | 69,818 | 3.17% | 22,049 | 25,918 | 17.55% |
| 關廟區 | 34,789 | 33,048 | -5.00% | 10,907 | 12,060 | 10.57% |
| 龍崎區 | 4,253 | 3,352 | -21.19% | 1,576 | 1,442 | -8.50% |
| 永康區 | 229,777 | 235,623 | 2.54% | 81,449 | 94,092 | 15.52% |
| 東　區 | 189,829 | 181,962 | -4.14% | 71,913 | 76,070 | 5.78% |
| 南　區 | 125,862 | 120,323 | -4.40% | 44,832 | 49,088 | 9.49% |
| 北　區 | 132,641 | 125,821 | -5.14% | 49,768 | 53,536 | 7.57% |
| 安南區 | 188,494 | 203,838 | 8.14% | 60,475 | 74,779 | 23.65% |
| 安平區 | 65,123 | 70,321 | 7.98% | 24,659 | 30,311 | 22.92% |
| 中西區 | 77,842 | 77,124 | -0.92% | 30,829 | 33,636 | 9.11% |

資料來源：內政部戶政司

# 🏠 臺南最具升值潛力的區域

近年來,在政策南北翻轉的規劃下,南部有許多的重大建設正在推行中。以臺南為例,前瞻建設的推動,大幅改善了供水、居住環境等基礎建設,也涵蓋了交通及產業招商等對城市發展更具意義的項目。接著,就來看看臺南有哪些重大建設正在進行,將因此受惠的區域又是哪裡呢?

## 重大建設①:沙崙智慧綠能科學城

→影響區域:歸仁區

沙崙智慧綠能科學城位於臺南歸仁高鐵特區,占地 62.12 公頃。臺南推動的南科沙崙雙引擎計畫,預計透過「南科臺南園區」及「沙崙智慧綠能科學城」的建構,帶動產業發展,提升當地產值與薪資。而高鐵特區除了沙崙智慧綠能科學城外,還包含大臺南會展中心及南臺灣首座三井 Outlet。區域周邊結合產業發展,並引進了多樣建設,此區的未來可說是潛力無窮。

2016 年隨著沙崙智慧綠能科學城啟動至今,目前已有中央研究院南部院區、工研院南部院區、綠能科技示範場域、臺灣智駕測試實驗室、陽明交通大學臺南校區等建設完工,未來國科會將投注資源,加速興建 AI 研發過程所需之資料中心(Data Center),並以國際級廠商為合作對象,因應 AI 運算所需,將沙崙智慧綠能科學城打造為 AI 研發重鎮。

## 重大建設②:北外環道路

→影響區域:安南區、北區、中西區、安平區、永康區、新市區

雖然南科引進了眾多就業人口，但也帶來了一些負面效應，更衝擊了周邊交通，比方說，每到上下班時間，由於市區至南科的龐大車流，導致臺1線、臺19線、臺17線等平面道路及國道1號、國道8號壅塞，讓通勤上班族苦不堪言。而「北外環道路」的通車將解決南科塞車的問題，使安平至南科節省12分鐘車程，未來可望成為臺南重要的交通命脈。

▼ 北外環道路小檔案

| 路線 | 全名為「臺南都會區北外環道路」，串聯安南、北、中西、安平、永康及新市。全長約13.5公里 |
|---|---|
| 預計完工日 | 【第1、3期】北外環快速道路已完工通車<br>【第2期】路段從安南區臺江大道往西，至永康區溪頂寮大橋，長度約3.1公里，預計2025年底完工<br>【第4期】則由永康區溪頂寮大橋往西延伸至臺17線大港觀海橋，長度約3.7公里，現正辦理工程細部設計中，預計2027年底完工 |

## 重大建設③：平實重劃區

→影響區域：東區

市中心由於開發較早，都市發展後期均會遭遇缺乏可開發用地之問題。在存土寸金的蛋黃區，若有大面積土地，其發展潛力自然不言可喻。而平實重劃區位於東區，屬於臺南傳統的精華區，為市中心少見的大面積重劃區。區域內有大型公園綠地、購物中心，未來更有捷運通過，自然成了臺南房市的一大焦點，有機會成為臺南的信義計畫區。

平實重劃區位於東區與永康區交界，鄰近成功大學、成大醫院、奇美醫院及大灣交流道，區位條件佳，開發面積達42.4公

頃。前身為陸軍平實營區及眷村精忠三村，區內緊鄰南紡購物中心商圈，平實公園則為面積 2.1 萬公頃之大型綠地，生活機能優異。未來之重大建設預計規劃平實轉運站，未來捷運藍、綠線將於此交會，更加提升區域之交通條件。

## 🏠 臺南哪個區域買得起？

歷史古都臺南在沉寂了多年之後，由於產業園區的帶動效益，再次獲得不少人的青睞。本節以首購族較能負擔的中古 2 房切入，製作出下方的房價表，方便大家從自己可負擔之房貸金額來對照。

### 臺南市可負擔房貸 vs 房價

| 每月可付房貸 | 可買房屋總價 | 可買房屋單價 | 買得起哪裡 |
|---|---|---|---|
| 2 萬 | 628 萬 | 25 萬 | 七股、學甲、白河、新營、關廟、麻豆、佳里、西港 |
| 3 萬 | 942 萬 | 38 萬 | 新化、南區、仁德、歸仁、安南、永康、安定、中西、安平、新市、善化、東區、北區 |

註 1：貸款條件假設貸款 8 成，利率 2.56%，30 年本息平均攤還，無寬限期。
註 2：假設購買 2 房產品，坪數為 25 坪。可買區域價格參考實價登錄均價，含公寓、大樓、華廈中古屋產品。
註 3：資料查詢時間為 2024 年 12 月。

臺南發展甚早，屬於舊市區核心的中西區、東區及北區位於臺南西側，依循著傳統單核心、同心圓的模式發展，房價逐漸向外

遞減。但近年來，隨著南科及高鐵通車等多項政府重大建設的推展，讓善化、新市及歸仁等區域日漸發達，而臺南的發展重心也開始往東側偏移。

其中，南科效應正是帶動近年臺南房價向上飆漲的關鍵因素。南科 1、2 期座落於善化、新市及安定之間，區內的重劃區成為在臺南購屋置產的熱門選擇，如善化的 LM 特區、新市的新和重劃區，新屋單價都在 40~50 萬以上。

此外，如同前面提到的，在北外環道路開通之後，串聯了南科至市中心，也帶動沿線其他區域的發展，如永康的鹽行重劃區，新屋單價一樣在 40~50 萬以上；較外圍且新開發建案多的安南九份子重劃區以及史博館特區，新屋開價也都接近 40 萬。

至於各行政區之平均房價，位於傳統市中心東區、北區及中西區；南科所在的善化、新市、安定；高鐵特區所在的歸仁；市政商圈所在的安平；受惠於南科交通效應之永康、安南等區，皆為臺南房價較高的行政區，屋齡較為老舊的中古屋單價仍需 30~40 萬。其他欠缺利多因素的外圍區域，房價則較為平實，仍有機會找到單價 30 萬以下之中古屋。

## 🏠 臺南產業發展受惠於南科效應

南科對臺南經濟帶來的影響，不僅是高科技產業，還包括傳統產業、營造業等其他周邊產業的增長。為了配合南科的發展，臺南市政府也投資了許多基礎設施與公共設施，如公園、學校、購物中心等。此外，隨著交通基礎設施的改善（如北外環道路的建

設），使得從臺南市區到南科的通勤時間大大縮短，進一步提升了周邊地區的吸引力。

　　總結來說，南科的發展對臺南的房市有著相當積極的影響，更促進了房價上漲、人口遷入和基礎設施的改善。由於南科的持續成長，房市可望正向發展，而除了南科及市中心精華區，北外環道路沿線區域也是個不錯的選擇，如果你有興趣在臺南置產，以長期投資的心態，一定能夠找到適合你的標的。

# 高雄市:港都魅力、產業轉型,可期待臺積電效益

聽過歌手林強的著名歌曲〈向前走〉嗎?裡面的一句歌詞:「阮欲來去臺北打拚,聽人講啥咪好康的攏在那。」充分傳達過去南部人的心聲。在過去資源配置重北輕南的臺灣,南部的孩子們,必須離鄉背井前往北部,才能擁有較好的就業機會。但在臺積電等多家科技產業陸續至南部設廠後,新一代的南部孩子在故鄉也能有穩定的工作。

高雄近年來隨著各大半導體廠商陸續進駐,將成為全臺最大半導體製程中心,科技產業鏈更是未來高雄發展的主軸,在產業轉型的帶動下,高雄也不再是欠缺發展性的城市了。那麼,高雄哪些區域最具潛力?想在高雄置產至少要準備多少錢呢?

## 🏠 買房需求最強的地方: 仁武、橋頭、楠梓

在臺灣整體少子化的發展趨勢下,多數縣市都呈現人口負成長的態勢。然而,由於資源配置的差異化,即使是人口呈現負成長的縣市,仍有持續發展中的區域,人口還是有繼續成長的可能。

依據內政部戶政司資料（如下方表格），自 2015 年 5 月至 2024 年 12 月，高雄市整體人口數為負成長，總人口數自 277.9 萬人減少為 273.1 萬人，成長率為 -1.71%。但整體戶數則為正成長，總戶數從 106.8 萬戶增加為 117.4 萬戶，成長率為 9.96%。雖然人口減少，但戶數增加，使房市仍具一定動能。

雖然高雄多數行政區都有人口流失的情況，但仍有部分例外。比方說，人口增加最多的區域是仁武產業園區所在的仁武區，總人口成長率達 21.44%，總戶數成長率更高達 38.18%；其次為橋頭科技園區所在的橋頭區，總人口成長率達 14.41%，總戶數成長率達 38.78%；第三則是楠梓科技產業園區所在的楠梓區，總人口成長率達 8.52%，總戶數成長率亦達 23.50%。可看出產業園區進駐對地方人口增加之效益十分明顯。

| 行政區 | 人口數 | | | 戶數 | | |
|---|---|---|---|---|---|---|
| | 2015年5月 | 2024年12月 | 成長率(%) | 2015年5月 | 2024年12月 | 成長率(%) |
| 高雄市 | 2,778,793 | 2,731,412 | -1.71% | 1,068,314 | 1,174,755 | 9.96% |
| 鹽埕區 | 25,247 | 22,275 | -11.77% | 10,850 | 10,937 | 0.80% |
| 鼓山區 | 136,021 | 141,277 | 3.86% | 55,736 | 62,870 | 12.80% |
| 左營區 | 195,981 | 197,784 | 0.92% | 77,339 | 85,952 | 11.14% |
| 楠梓區 | 179,138 | 194,404 | 8.52% | 66,643 | 82,302 | 23.50% |
| 三民區 | 347,270 | 330,287 | -4.89% | 135,106 | 144,933 | 7.27% |
| 新興區 | 52,339 | 49,573 | -5.28% | 22,732 | 24,168 | 6.32% |
| 前金區 | 27,631 | 27,199 | -1.56% | 12,572 | 14,290 | 13.67% |
| 苓雅區 | 175,140 | 163,295 | -6.76% | 72,155 | 75,684 | 4.89% |
| 前鎮區 | 193,319 | 178,290 | -7.77% | 78,246 | 80,769 | 3.22% |
| 旗津區 | 28,880 | 25,587 | -11.40% | 11,000 | 10,627 | -3.39% |
| 小港區 | 156,130 | 154,354 | -1.14% | 66,207 | 70,939 | 7.15% |
| 鳳山區 | 355,282 | 355,175 | -0.03% | 136,300 | 150,873 | 10.69% |

| | 人口數 | | | 戶數 | | |
|---|---|---|---|---|---|---|
| 行政區 | 2015年5月 | 2024年12月 | 成長率(%) | 2015年5月 | 2024年12月 | 成長率(%) |
| 林園區 | 70,418 | 67,903 | -3.57% | 25,442 | 27,852 | 9.47% |
| 大寮區 | 111,445 | 112,213 | 0.69% | 41,095 | 46,043 | 12.04% |
| 大樹區 | 43,200 | 40,163 | -7.03% | 13,345 | 14,534 | 8.91% |
| 大社區 | 34,456 | 33,754 | -2.04% | 12,676 | 14,000 | 10.44% |
| 仁武區 | 81,484 | 98,956 | 21.44% | 30,627 | 42,320 | 38.18% |
| 鳥松區 | 43,821 | 44,233 | 0.94% | 17,573 | 20,071 | 14.21% |
| 岡山區 | 97,780 | 95,176 | -2.66% | 34,496 | 36,919 | 7.02% |
| 橋頭區 | 37,297 | 42,671 | 14.41% | 13,212 | 18,335 | 38.78% |
| 燕巢區 | 30,282 | 28,576 | -5.63% | 10,353 | 11,178 | 7.97% |
| 田寮區 | 7,581 | 6,298 | -16.92% | 3,401 | 2,982 | -12.32% |
| 阿蓮區 | 29,456 | 27,131 | -7.89% | 9,393 | 9,665 | 2.90% |
| 路竹區 | 53,050 | 49,715 | -6.29% | 16,774 | 17,699 | 5.51% |
| 湖內區 | 29,552 | 29,396 | -0.53% | 10,480 | 11,696 | 11.60% |
| 茄萣區 | 30,527 | 28,959 | -5.14% | 10,446 | 10,771 | 3.11% |
| 永安區 | 14,100 | 13,823 | -1.96% | 5,785 | 5,860 | 1.30% |
| 彌陀區 | 19,755 | 18,069 | -8.53% | 6,761 | 6,912 | 2.23% |
| 梓官區 | 36,442 | 34,792 | -4.53% | 12,520 | 13,577 | 8.44% |
| 旗山區 | 37,973 | 33,818 | -10.94% | 13,862 | 13,950 | 0.63% |
| 美濃區 | 41,057 | 36,545 | -10.99% | 14,544 | 15,524 | 6.74% |
| 六龜區 | 13,564 | 11,511 | -15.14% | 5,634 | 5,381 | -4.49% |
| 甲仙區 | 6,334 | 5,412 | -14.56% | 2,368 | 2,284 | -3.55% |
| 杉林區 | 12,459 | 10,714 | -14.01% | 4,814 | 4,764 | -1.04% |
| 內門區 | 15,082 | 12,893 | -14.51% | 5,062 | 5,163 | 2.00% |
| 茂林區 | 1,884 | 1,869 | -0.80% | 578 | 630 | 9.00% |
| 桃源區 | 4,253 | 4,190 | -1.48% | 1,325 | 1,405 | 6.04% |
| 那瑪夏區 | 3,163 | 3,132 | -0.98% | 862 | 896 | 3.94% |

資料來源：內政部戶政司

## 🏠 高雄最具升值潛力的區域

前面曾經提過，政府建設是區域房市的關鍵成長指標，也是帶動地方發展、提升周邊房價的推手，因此，依循政府的重大建設，往往是民眾購屋時的重要參考依據。接下來，就讓我們看看高雄有哪些重大建設正在進行，又會影響哪些區域吧。

### 重大建設①：南部半導體「S廊帶」

→影響區域：路竹區、湖內區、岡山區、橋頭區、楠梓區、仁武區、大寮區、林園區、小港區、前鎮區

如果想買高雄的房子，一定要了解科技產業預計的設址地點，比方說，S廊帶正是未來高雄最重要的發展核心之一，在眾多半導體上下游業者進駐後，將形成全球最完整的半導體產業聚落，增加大量就業機會。

S廊帶北自南部科學園區臺南園區開始，一路延伸至路竹及湖內一帶的路竹科學園區、岡山及橋頭一帶的白埔產業園區、橋頭的橋頭科學園區、臺積電進駐的楠梓產業園區、仁武的仁武產業園區、大寮的和發產業園區、林園小港的新材料循環產業園區與前鎮的亞灣智慧科技創新園區，地理上形成S型之科技產業廊道。各產業園區引入高科技人才，衍伸的居住需求將為所在區域房市提供堅實的支撐。

### 重大建設②：亞洲新灣區

→影響區域：前鎮區、苓雅區、鹽埕區、鼓山區

亞洲新灣區以「高雄多功能經貿園區特定區」為主體，計畫範

圍包含前鎮區、苓雅區、鹽埕區及鼓山區，總面積約 590 公頃。亞洲新灣區又被稱為高雄的信義計畫區，背後代表它將如同臺北信義計畫區，預計建設繁華的商業設施及高價的豪宅社區。

此區域內包含多項重大建設，如高雄展覽館、高雄港埠旅運中心、高雄流行音樂中心、高雄市立圖書館總館，以及高雄捷運環狀輕軌等。在產業發展方面，則規劃有高雄軟體科技園區、亞洲新灣區 5G AIoT 創新園區等，並吸引輝達（NVIDIA）、思科（Cisco）等多家國際大廠進駐。

### 重大建設③：左營高鐵特區

→影響區域：左營區、鼓山區、仁武區、楠梓區

左營高鐵站是高鐵、臺鐵和高雄捷運紅線，三鐵共構的綜合車站，透過高鐵可通往臺北、臺中等主要城市，南來北往十分便利。左營高鐵車站位於高雄「S 廊帶」的中央樞紐，往北只要 5 分鐘，即可抵達臺積電進駐的楠梓產業園區；往南也只要 30 分鐘，就可連接輝達進駐的亞洲新灣區，地理位置與交通條件都相當優越。

高鐵站西北側為「左營高鐵科技之心公辦都更案」，已由國揚實業獲選為最優申請人。該公司預計投資新臺幣 188 億元，開發量體約 7.2 萬坪，預計興建辦公室、商場、旅館及住宅。高市府及交通部鐵道局，未來可分回約 1.8 萬坪的辦公室，並提供半導體相關產業鏈辦公，以及陽明交大、清華大學產學合作所需空間，開發完成後，將能有效帶動車站周邊發展。

## 🏠 高雄哪個區域買得起？

　　高雄過去發展以舊市區新興、苓雅、前金等南高雄區域為主，但近年來，在捷運、商場等多項重大建設之帶動下，有商圈往北轉移之現象。如左營區有交通樞紐的高鐵新左營站、南臺灣百貨公司龍頭的漢神百貨，這些都成功改變了區域的面貌，使人口及商業活動逐漸轉移。鼓山區豪宅林立的農 16 及美術館特區，充分吸引富人的眼光，成為高雄房價的天花板，例如預售屋「御皇苑」及指標豪宅「京城天贊」，若排除特殊戶別，房價單坪已達 60~70 萬以上。

　　高雄房市的另一個觀察重點，則是產業園區的設置，臺積電設廠的利多，讓高雄房價不斷蓄勢上衝，比方說，產業園區所在的楠梓區、橋頭區，這兩年來房價都有明顯的漲幅，前仆後繼進場買房的「楠梓漢」和「橋頭勇士」，皆使房價不斷向上堆疊。

　　另一方面，亞洲新灣區 5G AIoT 創新園區所在的亞洲新灣區，除了有產業基本面支撐外，獨特的水岸景觀更充分展現了港都的魅力，成為高雄另一個著名的豪宅區。區內知名豪宅「THE ONE」及「大船入港」，房價單坪約在 40~50 萬以上。

　　就區域整體房價部分，鼓山、前金、鹽埕、三民是高雄房價負擔最高的區域，中古屋房價上看 50 萬。其他如身為南高雄核心的新興、苓雅、鳳山等區；北高雄核心的左營；以及受惠於產業園區效應之楠梓、橋頭等新近發展區，也是高雄相對房價較高的區域，其預售屋與新成屋的價格均有一定的漲幅，但首購族建議先求有再求好，不妨試著以中古屋為目標，就有機會將單價控制

在 30~40 萬左右，若將目標擴大到其他尚待發展中的外圍區域，則仍可買到單坪 30 萬以下之中古屋。

大家可以衡量自己每月可負擔的房貸金額，來推算房屋總價，我將它整理成如下表格，並以首購族較能負擔的中古 2 房為目標來計算，提供給想在高雄買房的讀者們作為參考。

**高雄市可負擔房貸 vs 房價**

| 每月可付房貸 | 可買房屋總價 | 可買房屋單價 | 買得起哪裡 |
|---|---|---|---|
| 2 萬 | 628 萬 | 25 萬 | 林園、大樹、大寮、大社、旗津、茄萣 |
| 3 萬 | 942 萬 | 38 萬 | 梓官、鳥松、路竹、小港、岡山、燕巢、橋頭、楠梓、仁武、鳳山、新興、苓雅、前鎮、左營 |
| 4 萬 | 1256 萬 | 50 萬 | 鼓山、前金、鹽埕、三民 |

註 1：貸款條件假設貸款 8 成，利率 2.56%，30 年本息平均攤還，無寬限期。
註 2：假設購買 2 房產品，坪數為 25 坪。可買區域價格參考實價登錄均價，含公寓、大樓、華廈中古屋產品。
註 3：資料查詢時間為 2024 年 12 月。

## 半導體產業鏈的未來效益

高雄依山傍海、氣候宜人，擁有極佳的天然條件，是個相當宜居的城市。近年來，隨著政府資源的大量投入，已逐步在當地形成半導體產業鏈，未來更有機會比照新竹科學園區的發展模式，由產業帶動區域整體房市。

雖然近一年來，在臺積電設廠的話題下，新屋開價提前反應出

未來效益,房價已有一定漲幅。但高雄新屋與中古屋存在一定價差,在各個發展有前景的潛力區,仍可找到物美價廉的中古屋,對首購族而言,是個 CP 值不錯的選擇!

關於本章最新數據將會持續更新在「阿宅地產交易指南」網站,有興趣的讀者可自行前往參考。

# 你知道嗎？
# 臺灣整體也有蛋黃區跟蛋白區

　　想買房的你，應該多少聽過，買房選擇地段時有「蛋黃區」和「蛋白區」的說法，它指的是城市會以類似同心圓的模式向外擴展，「蛋黃區」是荷包蛋中心的精華區域，「蛋白區」則是外圍條件稍差的區域。此概念其實緣自於都市發展的競租理論（bid rent theory），兩者的特點分別如下：

- 屬於城市的核心，也是城市發展最成熟、最繁華的區域。
- 通常集中了城市的政治、經濟、文化等重要資源，交通便利，配套設施完善，生活機能齊全。
- 在位置的優勢下，因為所有人都想要占用這個精華地段，「蛋黃區」土地由付最多錢的人取得，地價最高。

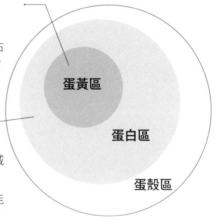

- 指位於「蛋黃區」更外圍的區域，是城市發展的次核心區域。
- 距市中心有一些距離，較偏遠地區可能交通略為不便，且生活機能尚未完善。
- 隨著與市中心的距離增加，土地取得的成本越低。

　　都市整體發展以距核心區域之遠近，劃分為「蛋黃區」、「蛋白區」及「蛋殼區」的同心圓，就是我們熟知的荷包蛋圖形了。簡單

來說，房價就像荷包蛋，價格跟距離成反比。市中心商業機能最好，就如同荷包蛋中心的蛋黃，價格最高。而隨著距離的增加，房價則越來越便宜，往外由蛋白、蛋殼慢慢降低。這是因為考量交通成本以及通勤時間的差距後，**房價基本上是「蛋黃區＞蛋白區＞蛋殼區」**。

這個概念還可以應用在買房的決策面，我們常常會看到有些「蛋白區」的預售屋，價格開的比「蛋黃區」還要高，這明顯違反了都市房價的基本邏輯。此時千萬要小心了，若未來房市持續大好，蛋黃區會補漲，這種蛋白區高價個案，價格坐穩當然沒問題，但如果房市轉弱，不只蛋黃區漲不上去，這種蛋白區高價個案，價格將會跌回來，便容易出現虧損的風險。

大家請記住，不論現在房市是熊市還是牛市，當房價相同時，應優先選區位比較好的物件：

> ## 安全的選房策略是蛋黃區＞蛋白區＞蛋殼區。

另外一點要留意的是，隨著都市的長期發展，公共建設資源配置可能有所變化，原有土地開發量也可能飽和，因此蛋黃區及蛋白區的位置並不是一成不變的。

以上的選房基本概念，可以應用在臺灣的各縣市。事實上，如果把地理範圍拉大到全臺灣，同樣可以區分出蛋黃區和蛋白區。臺灣半世紀以來，國土發展重北輕南，導致經濟、政治、文化等資源高度集中在臺北市及其周邊地區，而南部地區則相對沒那麼發達。隨著臺灣經濟的快速發展，人口、產業等資源不斷向北部地區集中。

在資源配置差異下，臺北市成為國土發展的核心區域，毋庸置疑就是臺灣的蛋黃區。房價在相同的模式下，隨著與臺北市距離的增加，由北到南越來越便宜。依據信義房價指數 2024 年 Q3 各都會區標準房價，價格同樣形成了荷包蛋圖形（如下圖），而六都的房價等級（單坪）可以分成以下四圈：

- 第一圈：臺北市
  （房價為 80 萬以上之等級）
- 第二圈：新北市
  （房價為 50 萬以上之等級）
- 第三圈：桃園市及臺中市
  （房價為 30 萬以上之等級）
- 第四圈：臺南市及高雄市
  （房價為 20 萬以上之等級）

臺北 82.04萬
新北 51.62萬
桃園 31.35萬
臺中 35.07萬
臺南 23.17萬
高雄 28.22萬

資料來源：信義房價指數 2024 年 Q3 各都會區標準房價

值得注意的是，近年來政府積極推動大南方計畫，扭轉了過去臺灣重北輕南的態勢。臺南、高雄等南部縣市，在臺積電等眾多高科技產業進駐下，帶動區域發展，逐漸縮短了南北的發展差距。或許未來，臺灣的蛋黃區和蛋白區，也會逐漸位移，朝南北翻轉的方向發展。

# 給首購族的聰明買房術

掌握「不買貴、安心住、賺增值」的關鍵，
為你建立全方位的購屋計畫

作　　者｜阿宅地產顧問（蕭大立）

責任編輯｜李雅蓁 Maki Lee
責任行銷｜朱韻淑 Vina Ju
封面裝幀｜木木 Lin
版面構成｜譚思敏 Emma Tan
校　　對｜鄭世佳 Josephine Cheng

發 行 人｜林隆奮 Frank Lin
社　　長｜蘇國林 Green Su

總 編 輯｜葉怡慧 Carol Yeh
主　　編｜鄭世佳 Josephine Cheng
行銷經理｜朱韻淑 Vina Ju
業務處長｜吳宗庭 Tim Wu
業務專員｜鍾依娟 Irina Chung
業務秘書｜陳曉琪 Angel Chen
　　　　　莊皓雯 Gia Chuang

發行公司｜悅知文化　精誠資訊股份有限公司
地　　址｜105台北市松山區復興北路99號12樓
專　　線｜(02) 2719-8811
傳　　真｜(02) 2719-7980
網　　址｜http://www.delightpress.com.tw
客服信箱｜cs@delightpress.com.tw
ISBN：978-626-7537-63-3
一版一刷｜2025年02月
建議售價｜新台幣420元

本書若有缺頁、破損或裝訂錯誤，請寄回更換
Printed in Taiwan

國家圖書館出版品預行編目資料

給首購族的聰明買房術：掌握「不買貴、安心
住、賺增值」的關鍵，為你建立全方位的購屋
計畫／阿宅地產顧問(蕭大立)著. -- 一版. -- 臺北
市：悅知文化精誠資訊股份有限公司, 2025.02
304面；17×23公分
ISBN 978-626-7537-63-3 (平裝)

1.CST: 不動產 2.CST: 不動產業

554.89　　　　　　　　　　　113020571

建議分類｜商業理財

# 《給首購族的聰明買房術》
## 購書抽獎活動

### 活動參加方式

請將本書購買證明（發票或訂單截圖），與手邊實書一同拍照，前往本活動專屬 google 表單，填寫並上傳相關資訊，即可參加抽獎。

掃描 QR Code 前往本活動專屬 google 表單。

### 參加時間

即日起至 2025/3/16（日）晚上 23:59 止。

### 獎項

《阿宅顧問的房產財務相談室》線上一對一諮詢服務乙次，共 1 名。

※ 兌換效期：2025/4/13（日）止。　（40分鐘，價值約 3980 元）

### 得獎公布時間

2025/3/21（五）將於悅知文化 Facebook 粉絲專頁公布得獎名單。

### 獎項說明

■ 諮詢內容：

　個人財務盤點——該租還是買？
　買房選址策略——適合買哪裡？
　賣房定價方針——如何賣房不吃虧？
　無痛換房規劃——怎樣換房最妥當？
　區域行情分析——該區域是否有發展潛力？

※ 結束後將提供電子檔報告乙份。

■ 備註：

請至少於 2 週前預約，並於預約時提出想要諮詢的內容。作者保留是否提供服務之權利，將視實際預約情形及諮詢內容，決定是否提供服務。

#### 注意事項

1. 請完整填寫表單資訊，若同發票號碼重複登錄資訊，將視為一筆抽獎。
2. 悅知文化將個別以 email 聯繫得獎者，google 表單資訊請務必填寫正確資訊。
3. 如聯繫未果，或其他不可抗力之因素，悅知文化得保留活動變更之權利。
4. 相關兌獎資訊發出後請得獎者自行妥善保管，請勿轉讓，遺失恕不重發。
5. 若得獎者未於效期內兌換或回覆諮詢預約表單，視為放棄本次獎項之權利。